会社別就活ハンドブックシリーズ

2025

三井不動産の
就活ハンドブック

就職活動研究会 編
JOB HUNTING BOOK

は じ め に

　2021年春の採用から，1953年以来続いてきた，経団連（日本経済団体連合会）の加盟企業を中心にした「就活に関するさまざまな規定事項」の規定が，事実上廃止されました。それまで卒業・修了年度に入る直前の3月以降になり，面接などの選考は6月であったものが，学生と企業の双方が活動を本格化させる時期が大幅にはやまることになりました。この動きは2022年春そして2023年春へと続いております。

　また新型コロナウイルス感染者の増加を受け，新卒採用の活動に対してオンラインによる説明会や選考を導入した企業が急速に増加しました。採用環境が大きく変化したことにより，どのような場面でも対応できる柔軟性，また非接触による仕事の増加により，傾聴力というものが新たに求められるようになりました。

　『会社別就職ハンドブックシリーズ』は，いわゆる「就活生向け人気企業ランキング」を中心に，当社が独自にセレクトした上場している一流・優良企業の就活対策本です。面接で聞かれた質問にはじまり，業界の最新情報，さらには上場企業の株主向け公開情報である有価証券報告書の分析など，企業の多角的な判断・研究材料をふんだんに盛り込みました。加えて，地方の優良といわれている企業もラインナップしています。

　思い込みや憧れだけをもってやみくもに受けるのではなく，必要な情報を収集し，冷静に対象企業を分析し，エントリーシート作成やそれに続く面接試験に臨んでいただければと思います。本書が，その一助となれば幸いです。

　この本を手に取られた方が，志望企業の内定を得て，輝かしい社会人生活のスタートを切っていただけるよう，心より祈念いたします。

就職活動研究会

Contents

第**1**章

三井不動産の会社概況

会社によって選考方法は千差万別。面接で問われる内容や採用スケジュールもバラバラだ。採用試験ひとつとってみても，その会社の社風が表れていると言っていいだろう。ここでは募集要項や面接内容について過去の事例を収録している。

また，志望する会社を数字の面からも多角的に研究することを心がけたい。

✔GROUP MISSION ～私たちに今求められていること～

1　ビジネスとくらしに関するソリューションとサービスの提供

豊かさと潤いをもたらし，安全・安心で魅力にあふれる空間とソフト，サービスを提供して，街の価値を最大化する。

多彩で革新的なソリューションを提供して，不動産投資市場の成長に貢献する。

2　グローバルな視野で顧客のパートナーへ

顧客をビジネスの創造ならびに進化・発展の基盤と考える。

顧客が真に求めているものを多面的に把握し，グループの総力で提案・実現する。

顧客のパートナーとして，高い評価を獲得し続け，ブランド価値を高める。

3　企業価値の向上

持続的な利益成長を図るとともに，不断のイノベーションを行うことにより企業価値を向上させる。

経営資源の最適活用ならびに効率経営を追求する。

常にリスクに対して適正なマネジメントを行う。

4　個の力を高め結集してグループの力へ

多彩な人材，多様な価値観を融合し，パイオニア精神に満ちた独創性を育む。

個々人がプロフェッショナルな知識・能力を磨き，互いに共有して，付加価値創造力を高める。

企業倫理と規律，コンプライアンスについて，常に高い意識を持って行動する。

✔ 会社データ

本社	東京都中央区日本橋室町2丁目1番1号
設立	1941年7月15日
資本金	341,000百万円（2023年7月28日現在）
年間売上高 （連結）	2,269,103百万円（2022年度実績）
株主数	53,464名（2023年3月31日現在）
従業員数	1,973名（2023年3月31日現在）

✔ 仕事内容

仕事と職掌（総合職と業務職）

三井不動産では、不動産商品ごとに本部が構成されています。それぞれに、プロジェクトを推進するための４つの仕事があり、その仕事をリレーするように分担しながら、プロジェクトを成功へと導いていきます。

おもな事業領域

オフィスビル／商業施設／ホテル・リゾート／ロジスティクス／住宅複合施設／ソリューション／サービス／グローバル

部門とその仕事

企画　用地取得

すべての開発プロジェクトは、土地の取得からスタートします。土地の歴史や法令上の規制を調べ、マーケティング調査・分析を行い、その土地の潜在価値を最大限発揮できる開発プロジェクトのシナリオを立案。事業収支・採算を綿密にシミュレーションした上で、土地の所有者に対して売買（賃借）の提案を行います。

事業　商品企画・事業推進

用地取得後は、その土地においてどんな空間が求められているか、あるべき空間とは何か、コンセプトを考えます。軸としたコンセプトから、例えば、「大型スーパーや専門店が揃った複合商業施設」や「高層のオフィスビル」、あるいは「緑あふれる憩いの空間」など、その場所につくるべき具体的なプランニングを導きます。

営業　テナントリーシング

完成する物件にどのようなテナントに入居してもらうか、リーシングの方針策定からテナント誘致までを行います。建物や街は、テナントや人が入居して初めて、血が通い、動き出すのです。また、テナントリーシングだけではなく、事業部門とともに物件開発時に、コンセプトやターゲットを考案することも仕事の一つです。

運営　施設運営・管理

動き出した建物や街を、何年、何十年と、輝かせる重要な仕事。三井不動産は「経年優化」という考え方を大事にしており、時の経過と共に価値がより高まるような、景観・人・コミュニティを含めた街づくりを行っています。一つの建物で完結するのではなく、街そのものの魅力を向上させるエリアマネジメントも推進していきます。

事務

本部全体の収支・人員を管理するとともに、企画・事業・営業・運営の４部門を取りまとめています。本部内のバックオフィスとしての役割を担い、商品企画の実現可能性の精査等、プロジェクト推進を後方支援しています。

２つの職掌

三井不動産では、総合職と業務職が共に意見を出し合いながら、プロジェクトを推進しています。そして、総合職・業務職ともに、３〜５年程度でジョブローテーション（部署異動）があります。１０年で３部署ほどを経験することが一般的なケースです。

総合職

・プロジェクトマネジメント、組織マネジメントを行う
・海外赴任や支店配属あり（約９割が東京・首都圏）

業務職

・総合職と協働しながら主体的、積極的にプロジェクトを動かす
・転居を伴う異動なし

✔ 先輩社員の声

日本橋の良さを活かし
新たな付加価値を創造していく

【総合職／2013年入社】
現在の仕事を教えてください。

「日本橋再生計画」のもと，日本橋における複合開発事業を推進するのが部署の使命。「残しながら，蘇らせながら，創っていく」をコンセプトに，地元と密に連携しながら，日本橋の良さを活かし，新たな付加価値創造のために何ができるかを，日々考えています。私自身，これまでに『室町東地区開発計画（COREDO室町1.2.3，福徳神社）』や『日本橋本町二丁目特定街区（福徳の森）』の開発に携わり，現在は『日本橋室町一丁目地区』の再開発事業を担当しています。開発コンセプト，事業計画の策定，事業スケジュールの管理，設計者との建築計画の検討，そして共同事業者や行政との調整など，再開発事業の推進に関わるすべての業務が私の仕事です。都心の再開発というのは，地権者や自治体との話し合いが大事であることは言うに及ばず，オフィス，商業，住宅，ホテル，文化施設といった多様な用途を組み合わせたミクストユースの開発による街の付加価値向上を目指していることから，社内のそれぞれの商品本部との調整も重要になります。この点で，社内外の多くの関係者をいかに一つにまとめ，事業を前へと推し進められるか，私の手腕が試されています。街づくりの価値は定量化しづらい部分が多く，判断基準を明確にすることの難しさが絶えず伴いますが，民間企業に籍を置きながら，公共的な視点も合わせ持って事業の方向性を議論できることに，私はこの仕事のやりがいを感じています。

入社後，印象に残った仕事は？

ある案件の事業計画の立案に主担当として関わったことです。その事業は竣工が10年以上先であり，これから関係者との合意形成を進めながらの事業立案であったことから，さまざまな角度から事業を検証する必要がありました。そこで私は，先輩社員にヒアリングをし，過去の事例や他社の取り組みを徹底的に調べ上げ，都市再開発法や都市計画法といった関連法令もあたりながら，10年後の事業環境を念頭にどのような事業スキームが可能か，考えられる限りのパターンを洗い出しました。結果，その数は数百に及びましたが，私はその都度，上司や役員と議論をし，検証を重ねました。もしかしたら，もっと効率的な進め方もあったかもしれませんが，誰も正解を持っていないなかでは，あらゆる可能性を探った後のほうが，よりよい答えに近づくことができると信じました。事実，最終的には自信を持って，事業として進むべき道を会社に具申することができました。そして，晴れて計画が承認されたときには，「この事業は今後，自分が描いた設計図をもとに動いていくのだ」と，気持ちが高ぶったことを今でもはっきりと覚えています。あらゆる情報をもとに，ひとつの方向性を自分自身で見いだし，判断し，推進する——。責任は重大ですが，これぞこの仕事の醍醐味。主担当として定めた事業計画を進めるのは自分自身だという思いを忘れず，これからも日々の業務に邁進していく決意です。

台湾初の「ららぽーと」事業を
自分の手で成功させる。

【グローバル／ 2010 年入社】
現在携わっている仕事を教えてください。
台湾現地法人の事業推進部で、商業施設の開発を担当しています。いま一番深く関わっているのは、台湾初の「ららぽーと」事業である「（仮称）ららぽーと台湾南港」。2023 年のオープンにむけ、準備を進めています。

三井不動産における海外事業の位置づけを教えてください。
VISION2025 にもあるように、三井不動産は海外事業を成長分野のひとつとして位置づけ、アジアでも積極的に事業を展開しています。私が担当する「ららぽーと台湾南港」は台湾において三井不動産の手掛ける 3 番目の商業施設としてオープン予定です。いまは同施設の建物オーナー様や、地上 101 階の「台北国際金融センター（台北 101）」を手がけた設計事務所とともに、施設の基本形状やスペックの詰めといった基本設計を実施しています。

「ららぽーと台湾南港」にはどのような特徴があるのですか？
「ららぽーと台湾南港」は、店舗面積約 70,000㎡・7 層（地下 1 階＋地上 6 階）の計画で、合計約 250 店舗が入ります。施設の上層階にはオフィスやホテルが入る複合開発で、駐車場はすべて地下。三井不動産が日本で展開してきた 3 〜 4 階建のこれまでの「ららぽーと」とは大きく異なります。日本の開発事例を活かせないところに頭を悩ますことも多いですが、現地のオーナー様や設計者とアイデアを出しあい、さらに日本でお付き合いのあるコンサルタントや設計者の方にも相談しながら、店舗の区画割りや動線づくりを進めているところです。

海外事業を推進する上での難しさを教えてください。
大きなプロジェクトを、文化も仕事の進め方も大きく異なる"台湾で"進行していく部分でしょうか。たとえば、「こう言えばよい」「こう動けばよい」というマニュアルは存在せず、日本で上手くいったので使ってみよう、という経験上の学びが、逆に火に油を注いでしまうようなことにも成り得ます。その「違い」を何とか克服するために、とにかく言葉を尽くして説明する、言葉がダメなら絵にしてみる、一度ダメならもう一度角度を変えて話してみる。そういったことを通して、社内外に「味方」を得ることを心がけています。

日本橋の良さを活かし
新たな付加価値を創造していく

【業務職 ホテル・リゾート／2013年入社】

仕事とミッション

業務推進室のミッションは、ホテル・リゾートの施設の開発〜竣工に至るまでの経理業務と、年4回の決算業務を担うこと。私は現在、10物件ほどのホテルの経理を担当しています。物件ごとに、計画中の段階だったり建設中だったりと、置かれている状況は異なりますので、各状況で発生する資金ニーズ等を把握しながら、日々、伝票の起票・整理、経費の管理等を行っています。また、ホテル開業時には実際に宿泊し、資産として計上する設備等の確認も行います。

仕事の面白さややりがいは？

何もないところに、ホテルが竣工するまでの一連の流れを、日々の数字の動きから追いかけていくことができることです。着工後は、基礎工事や外装・内装工事、竣工時に納入される家具や調度品まで、それぞれに費用が発生します。経理処理はその都度発生するのですが、その一つひとつの数字をきちんと見ていくことで、1つのホテルが竣工するまで多くの方々が関わっているのかを知ることができ、そのスケールの大きさを感じることができるのは非常に興味深いです。だからこそ、自分が経理を担当したホテルが完成するのを見たときは、ホテル開発プロジェクトチームの一員としての大きな喜びを感じることができます。

印象に残っている仕事は？

今年1月に、私が経理を担当した「三井ガーデンホテル金沢」が開業しました。配属当初のまだ右も左もわからないところから担当し始めたので、先輩に頼ることが多かったものの、竣工後金沢に行き、実際に完成したホテルを見たときはとても感動しました。同時に、周りの方々に助けられ、教えてもらいながら、業務に懸命に取り組むなかで、いつのまにか経理業務を円滑に進められるようになっていた自分を発見し、自分の成長を実感することができました。

三井不動産のよいところ

とてもアットホームです。上司や先輩が一人一人に対して面倒見がよく、困っていたら、いつも親身になって相談にのってくれます。また、違う部署の方でも「何かあったらいつでも連絡してね」と言ってくれるなど、単に会社の同僚ということではなく、本当に身内のような感じですね。三井不動産の業務職は、「プロジェクトの一翼を担い、総合職とともにチームで仕事を遂行していく存在」と位置づけられていることも魅力だと思います。総合職の方々と一緒にチーム感を持って仕事ができるのがうれしいですね。

総合職

募集要項	2024年4月入社　新卒採用の応募資格については、次のとおりです。 1.　西暦2024年3月までに四年制大学・大学院（修士課程または博士課程）を卒業・修了または卒業・修了見込みの方。 2.　職歴がない方。 1、2の両方を満たす方が募集対象です。 ※ 大学・学部・学科による制限は一切ございません。 ※ 上記1、2を満たしていれば、年齢制限はございません。 ※ 業務職との併願はできません。 ※ 2024年4月入社の海外留学生採用にて面談を実施された方はご応募いただけません。 ※ 当社の役員・社員本人の子女、兄弟姉妹、配偶者の方はご応募いただけません。
初任給	2022年4月実績 大卒255,000円　　院了290,000円
諸手当	通勤費全額支給など
昇給・賞与	昇給：年1回（4月）　　賞与：年2回
勤務時間	9:00〜17:30（フレックスタイム制度有）
休日	完全週休2日制（土・日）、祝日、年末年始
休暇	有給休暇，夏季休暇，結婚休暇，慶弔休暇など
福利厚生	住宅融資制度，従業者持株会制度，独身寮（東京），カフェテリアプラン ほか
教育制度	新入社員研修，若手グローバル研修，フォローアップ研修，階層別研修など その他／海外トレーニー制度（短期・長期），資格取得奨励，通信教育費用補助など

業務職

募集要項	2024年4月入社　新卒採用の応募資格については、次のとおりです。 1.　西暦2024年3月までに四年制大学・大学院（修士課程または博士課程）を卒業・修了または卒業・修了見込みの方。 2.　職歴がない方。 1，2の両方を満たす方が募集対象です。 ※ 大学・学部・学科による制限は一切ございません。 ※ 上記1，2を満たしていれば、年齢制限はございません。 ※ 総合職との併願はできません。 ※ 2024年4月入社の海外留学生採用にて面談を実施された方はご応募いただけません。 ※当社の役員・社員本人の子女、兄弟姉妹、配偶者の方はご応募いただけません。
初任給	2022年4月実績 大卒210,000円
諸手当	通勤費全額支給など
昇給・賞与	昇給：年1回（4月）　　賞与：年2回
勤務時間	9:00～17:30（フレックスタイム制度有）
休日	完全週休2日制（土・日）、祝日、年末年始
休暇	有給休暇，夏季休暇，結婚休暇，慶弔休暇など
福利厚生	住宅融資制度，従業者持株会制度，独身寮（東京），カフェテリアプラン ほか
教育制度	新入社員研修、若手グローバル研修、フォローアップ研修、階層別研修など その他／海外トレーニー制度（短期・長期）、資格取得奨励、通信教育費用補助など

✔ 採用の流れ (出典：東洋経済新報社『就職四季報』)

エントリーの時期	【総】3～4月
採用プロセス	【総】ES提出（3～4月）→能力（適正）試験（3～4月）→面談（3回，6月上旬）→内々定（6月上旬）

採用実績数		大卒男	大卒女	修士男	修士女
	2022年	16 (文：15 理：1)	19 (文：18 理：1)	14 (文：0 理：14)	7 (文：1 理：6)
	2023年	16 (文：16 理：00)	22 (文：20 理：2)	13 (文：0 理：13)	6 (文：1 理：5)
	2024年	19 (文：17 理：2)	22 (文：22 理：0)	14 (文：2 理：12)	7 (文：1 理：6)

採用実績校	【文系】 （大学院）京都大学，早稲田大学，ユニバーシティ・カレッジ・ロンドン （大学）慶應義塾大学，早稲田大学，東京大学，一橋大学，上智大学，京都大学，神戸大学，東北大学，中央大学，カリフォルニア大学，アクイナス大学，UCSI大学 【理系】 （大学院）東京大学，東京工業大学，京都大学，九州大学，早稲田大学，慶應義塾大学，東北大学，名古屋大学，筑波大学，工学院大学 （大学）京都大学，サンウェイ大学 （高専）佐世保工業高等専門学校，北九州工業高等専門学校，東京工業高等専門学校

✔2023年の重要ニュース (出典：日本経済新聞)

■三井不動産、宇宙産業育成へ新団体　イベントなど開催 (2/13)

　三井不動産は13日、宇宙関連の産業育成を支援する一般社団法人「クロスユー」を設立し、4月から活動を始めると発表した。展示会や交流イベントなどを開く。5年間で200の企業・団体の会員を見込む。2023年4月にも新たな拠点「X-NIHONBASHI BASE（クロス・ニホンバシ・ベース）」を日本橋に開設する。

　クロスユーは三井不を中心に、宇宙分野に力を入れる企業や有識者らが22年9月に設立した。宇宙分野に関係のある企業に加え、同分野との関わりが薄かった企業や団体の参入を促す。宇宙航空研究開発機構（JAXA）とも連携協定を結び、産官学で取り組みを進める。

　三井不は宇宙分野について、ハードとソフトの両面で取り組んできた。18年と20年にビジネス拠点を設置した。宇宙に関するビジネス展示会なども開き、22年12月のイベントには国内外から約7000人が参加した。

　菰田正信社長は13日開いた説明会で「企業が単独で取り組むのではなく産官学が垣根なく取り組むことが重要」と指摘。「宇宙産業の発展で日本の産業力を強化し、地球課題の解決にもつなげていく」と述べた。

　クロスユーの中須賀真一理事長は「ゼネコンや自動車メーカーなどの参入も増えており、（新団体を通じ）非宇宙関連企業と宇宙企業をつなげていきたい」と語った。

■三井不動産、五輪選手村跡地に商業施設　24年春開業 (4/7)

　三井不動産は東京五輪・パラリンピックの選手村の跡地に商業施設「三井ショッピングパーク　ららテラス　HARUMI FLAG」を2024年春に開業する。施設の1階には三井不系の子会社と日本オリンピック委員会（JOC）が共同で五輪を振り返る展示スペース「TEAM JAPAN 2020 VILLAGE」を設ける。

　同施設は地上3階、地下1階建てで延べ床面積は約1万9800平方メートル。スーパーや保育園、フィットネスジムなど約40店舗の出店を予定している。

　1階の展示スペースは、東京2020大会の選手村に関する映像や写真、資料で構成。大会で実際に使われた聖火リレー用トーチや聖火皿、五輪のメダルを模した巨大メダルなども展示する。

飲食店エリアは選手村と同様、環境と人権に配慮した食材を使った料理を提供する。スポーツ観戦などが可能な大型モニターも設ける予定だ。

■愛知・安城に「ららぽーと」 三井不動産、25 年春に開業（10/16）

　三井不動産は 16 日、愛知県安城市に大型商業施設「ららぽーと安城（仮称）」を建設すると発表した。2025 年春に開業する予定。愛知県内の「ららぽーと」は 3 施設目となる。近年は県郊外で商業施設の出店が増加しており、集客競争が激しさを増す。

　「ららぽーと安城」は店舗面積約 6 万平方メートルの 4 階建て。220 の店舗が入り、3500 台分の駐車場を用意する。幹線道路に面し、JR 安城駅から徒歩圏内に立地する。

　屋上にはららぽーととして初めて、遊具を備えた屋根付きの広場を整備する。同社は「モノを買うだけならインターネットで足りる。いかに体験として付加価値をつけていくか」と狙いを説明する。

　3 階店舗面積のおよそ半分は非物販の店舗が占める。会社側はテナントについて「エンタメやスポーツは大切な要素」としており、不動産関係者からはフィットネス関連との見方も出る。「コト消費」の需要を喚起し、近隣住民を呼び込む。

　愛知県郊外では商業施設の進出が相次ぐ。三井不動産は 18 年に「ららぽーと名古屋みなとアクルス」（名古屋市港区）、20 年に「ららぽーと愛知東郷」（東郷町）を開業。岡崎市ではアウトレットモールの出店を計画中とされ、県への届け出によれば完成は 25 年を見込む。

　21 年には「イーアス春日井」（春日井市）、23 年春には「イオンモール豊川」（豊川市）と、出店ラッシュが続く。

　背景には住宅需要が名古屋市から郊外に波及している事情がある。安城市の人口はこの 15 年間でおよそ 1 割増加。OKB 総研（岐阜県大垣市）の中村紘子上席研究員は「西三河地域は戸建てファミリー層も多く消費力がある」という。23 年の基準地価（7 月 1 日時点）は、県内の市町村別の住宅地の上昇率で刈谷市が 2 位、安城市が 3 位だった。

　一方で新型コロナウイルス禍を経て、ネット通販が幅広い年齢層に広がる。不動産サービス大手のシービーアールイー（CBRE、東京・千代田）の河本納幸ディレクターは「ガソリン高もあり郊外まで買い物に行く動機は薄い。単なるモールでは限界がある」と指摘する。

✔2022年の重要ニュース (出典:日本経済新聞)

■三井不動産、デジタルアート販売参入　NFT活用（1/18）

　三井不動産はデジタルアート販売に参入する。東京・日本橋に専用ギャラリーを5月に開く。デジタル上の空間も設け非代替性トークン（NFT）をひも付けた約20点を展示販売する。収益の一部をクリエーターに還元して支援し、NFTアート市場の整備も進める。デジタルで鑑賞した外国人らが日本橋を訪れるきっかけとなる可能性もあり、魅力ある街づくりの一手とする。

　著名なイラストレーターやアニメーターらが参加し、約20のデジタルアートを日本橋の専用ギャラリー内などで鑑賞できるようにする。実際には存在しない建物をテーマにした拡張現実（AR）を使った空間も用意する。6月下旬までの期間限定の予定。状況を見ながら商業施設「ららぽーと」などでの実施も検討する。

　作品にはデジタル上の価値が本物だと証明する「NFT」をひも付け、クリエーターの権利を保護する。作品の売買はインターネットの専用サイトで入札を実施し、決済には暗号資産（仮想通貨）を活用する。

　三井不の川瀬康司・ベンチャー共創事業部統括は、NFTを使ったデジタルアート事業について「新たな産業を生み出す分野であり、街づくりとの親和性が高い」と説明する。リアルな空間に強みを持つ三井不として、デジタル技術を活用したコンテンツを生かし来街者の裾野を広げる考え。

　新型コロナウイルス禍で富裕層消費が変化するなか、日本でもアート市場が盛り上がる可能性がある。三井住友フィナンシャルグループは2022年からアートを使った既存事業の強化に乗り出す。21年11月にアート専任チームを立ち上げた。グループの銀行や信託、証券会社から約20人が参加する。

　アート関連のイベントや勉強会に既存顧客らを招待。アートの魅力や最新情報を伝え、最適な資産形成に役立ててもらう。アートを通じて顧客との信頼関係を深めることで、新たな投資信託やローンなどの取引につながると期待する。

　ANAホールディングスは文化芸術支援を目的としたアート作品の販売を検討している。

　市場推計によると、19年の世界のアート売買市場は7兆円弱。米国が4割超を占め、日本は1%未満とされる。アートの保管事業などを手がける寺田倉庫の寺田航平社長は「本当に買いたいという人と作り手を結びつけることができれば日本でも市場は大きく広がる」と語る。

■物流施設 6 棟を新設　累計投資額 7000 億円に　（4/21）

　三井不動産は 21 日、2024 年以降に国内外で 6 棟の物流施設を新設する方針を明らかにした。今回の 6 施設を含めた物流施設の累計投資額は約 7000 億円に達するという。電子商取引（EC）需要が伸びる中、冷凍・冷蔵倉庫や都市型拠点など、企業の多様なニーズに合った施設を設けるほか、業務効率化につながるデジタル技術も導入する。

　6 施設は国内では大阪府や愛知県、埼玉県、宮城県内で開発し、24 年 4 月以降に順次完成する見込みだ。高速道路などに近い利点に加え、住宅地に隣接することで雇用確保が期待できる施設が多いという。海外はタイで 2 拠点目となる施設を設け、今夏以降に着工する予定。

　三井不は 12 年 4 月より国内の物流事業を始めた。現時点で国内外で 37 施設を稼働し、延べ床面積は約 310 万平方メートル。今回発表した 6 施設を含めると国内外の物件数は 53 施設まで増える。三木孝行専務執行役員は「冷凍・冷蔵倉庫やデータセンターを含め国内で年 6 ～ 7 棟を開発していきたい」と話す。

　さらに脱炭素が求められるなか太陽光発電設備を設置し、車両の自動管理などデジタルトランスフォーメーション（DX）にも力を入れていく。感染症対策など従業員の働きやすい環境を整え、競争が激しさを増す物流施設市場で勝ち残りを目指す。

■ 22 年 4 ～ 6 月期純利益が最高　物件売却が伸長（8/4）

　三井不動産が 4 日発表した 2022 年 4 ～ 6 月期連結決算は、純利益が前年同期比 54% 増の 529 億円だった。同期間として過去最高を更新した。海外で投資家向けの物件売却が伸びたほか、国内では商業施設「ららぽーと」や主力のオフィスビルの賃貸収入が増えた。政策保有株の売却益も寄与した。

　売上高は 29% 増の 5767 億円、営業利益は 2.2 倍の 771 億円だった。いずれも同期間の過去最高を更新した。国内の新築分譲マンションは計上戸数が増え、貸駐車場「三井のリパーク」の稼働率も上がった。

　東京ドームの損益が含まれる「その他」事業の営業損益は 74 億円の赤字（前年同期は 132 億円の赤字）だった。東京ドームの来場者数は増えホテルの稼働率も改善傾向にあるものの、「都市型ホテルの宿泊単価は回復途上にある」（三井不）ことが響いた。

　23 年 3 月期の業績見通しは据え置いた。売上高は前期比 5% 増の 2 兆2000 億円、純利益は 7% 増の 1900 億円と、いずれも過去最高を見込む。今後の注目点として商業施設やホテル事業に影響が出るため、「新型コロナウイルスの先行きや訪日観光客の動向」（同）を挙げる。

✔2021年の重要ニュース（出典：日本経済新聞）

■ホテルで定額の長期滞在プラン　30施設以上（2/25）

　三井不動産は25日、全国で30施設以上持つホテルを対象にした新たな宿泊プランを発表した。一つのホテルを定額料金で長期滞在するプランと、好みのホテルを選んで泊まる形の2種類を用意。新型コロナウイルスを機に働き方が多様化するなか、生活者のニーズに合った住まいの在り方も提案する。

　「サブ住む」と題し2種類の定額制プランを始める。一つは12都道府県で運営する「三井ガーデンホテル」などの35施設から、毎日好きなホテルを選んで泊まる。30泊15万円の月額料金に加え利用料金（スタンダードクラスは1泊500円）を支払う。100人の限定販売で、25日から3月5日までを抽選の申込期間とする。宿泊の開始日は3月20日から4月10日までで選んでもらう。

　一つのホテルに長期滞在する定額料金プランも用意した。全国38施設の中から選ぶ仕組みで、都内では30泊15万円からとする。清掃付きで25日から予約を始め3月1日から宿泊できる。

　都心部で運営するホテルを中心に稼働率は低迷しており、新サービスを通じ新たな顧客を掘り起こす考えだ。

■再生エネ電力に転換　首都圏全120施設で（5/10）

　三井不動産は2030年度までに首都圏の全約120施設で再生可能エネルギー由来の電力を本格導入する。一般家庭の約6万9千世帯分が年間に出す二酸化炭素（CO_2）に相当する約12万トンを減らす。世界で再生エネ利用を重視する企業が増える中、不動産も脱炭素化が迫られている。

　国立環境研究所によると、国内の19年度のCO_2排出量のうち、オフィスや商業施設などの「業務その他部門」は全体の2割弱の約1億9千万トンだった。政府は30年度の温暖化ガスの排出削減の目標を13年度比46%に引き上げた。製造業だけでなく事務所などの削減が重要となっている。

　三井不動産は首都圏に所有するオフィスビルや商業施設、ホテルなど約120施設の共用部の電力を再生エネ由来に切り替える。22年度までに東京ミッドタウン日比谷、コレド日本橋など25施設で先行して取り組む。

　当面は東京電力ホールディングス傘下の東京電力エナジーパートナーなどと連携し、化石燃料由来の電力でないことを示す「非化石証書」の電力を調達する。中長期には自前の再生エネ電源の活用も検討する。

約 120 施設の共用部の電力使用量は年 3 億キロワット時程度。証書の購入で電力の調達コストは年数億円増えるもようだが、自社でその分を吸収し、環境意識の高い外資系企業などを呼び込む。

共用部のほか、入居企業が使う専用フロアも希望に応じて再生エネの電力にする。4 月からはテナントの仏 BNP パリバや大和証券グループなど 10 社弱に提供を始めた。

米アップルが自社だけでなく、部品の供給企業にも再生エネの使用を促すといった動きが広がっている。オフィスや商業施設も再生エネの利用が入居の判断になっていく可能性もある。日本の不動産会社では、三菱地所が 22 年度をメドに丸の内地区で持つ約 30 棟の電力を再生エネにする計画などもあるが、海外に比べると対応が遅れている。

■千葉・鴨川市に高齢者住宅　医療・介護付き（10/29）

三井不動産レジデンシャルは 11 月 1 日、千葉県鴨川市に高齢者向け住宅「パークウェルステイト鴨川」を開業する。太平洋を望む高台に建つ 22 階建てで、ホールや屋内プール、大浴場などを備える。地域医療を担う亀田総合病院（鴨川市）など亀田グループが医療・介護サービスを提供し、首都圏を中心とした富裕なシニア層を呼び込む。

同ブランドでは 2019 年、東京都杉並区に 70 戸の施設を第 1 弾として開業したが、鴨川は総居室数が 473 室あり、共用設備も充実させて今後開発を進める大規模高齢者住宅のモデルとなる。60 歳以上が対象の介護付き有料老人ホームだが、マンションの空間づくりや住民サービスを生かして高級感を訴える。

入居者はオーシャンビューを楽しめるダイニングのほか、図書室、ビリヤード場、ラウンジといった設備も利用できる。施設内に亀田グループがクリニックを置き、健康管理に当たる。緊急時には近くの亀田総合病院が救急対応する。24 時間体制の介護、フィットネス室やプールを活用した運動指導も提供する。

住戸面積は 40 〜 110 平方メートル台。販売価格は眺望や入居時の年齢などで異なるが、40 平方メートルに 80 歳から 1 人で入居する場合、前払いで 2500 万円台から。ほかに共益費などが月 15 万円かかる。同社は契約率を開示していないが、都内や県内などから 100 件超の申し込みがあり、入居が順次進む見通しという。

県内では千葉市内でも「パークウェルステイト幕張（仮称）」を 8 月に着工した。地上 28 階建てで 617 室と高齢者住宅では首都圏最大級で、24 年秋の開業を予定する。

面接ではこちらの話を積極的に聞いてくれて，非常にやりやすかった。全体的に，学生の人となりをかなり見ているような気がした

総合職 2019卒

エントリーシート

・内容：[サークル・部活動・ボランティア・アルバイト] の中から最も力を入れて活動していたものにチェック。その他は，上記について，団体名や活動内容をお書きください

セミナー

・記載なし

筆記試験

・形式：Webテスト
・科目：SPI（性格，能力，構造把握，英語）

面接（個人・集団）

・質問内容：基本的にはESに沿った質問，学生時代頑張ったこととして挙げている3項目のうち2つについて深掘り，三井不動産でやりたいこと

内定

・拘束や指示：承諾検討期間は，すぐ承諾したので不明
・通知方法：最終面談当日

▶ その他受験者からのアドバイス

・明るく，ハキハキと喋ることは前提条件だと思ったので気を付けた
・面接時間は長くはないので，質問に対して長く喋りすぎないよう気を付けた
・逆質問を通して，企業研究の深さやOB訪問で感じたことなどを伝え，志望度の高さをアピールした

柔らかい雰囲気で，はきはきと端的に質問に答える
ことを意識しました

総合職 2018卒

エントリーシート

・内容：当社を志望した理由，これまでに挫折した経験

セミナー

・選考とは無関係
・服装：リクルートスーツ

筆記試験

・形式：Webテスト
・内容：SPI，場所は専用試験会場，所要時間は30分

面接（個人・集団）

・質問内容：自己紹介，学生時代に頑張ったこと，高校時代に頑張ったこと，
　ESに沿った挫折経験についての深掘り

内定

・通知方法：電話
・タイミング：予定より早い

● その他受験者からのアドバイス

・自分の素を出しながら，会話を楽しんで面接に臨んだ。
・仲介ということで，コミュニケーション能力の高さをアピールできるように
　笑顔で会話した

自分を飾らずありのままを出せればきっと，自分にあった会社からご縁を頂けるはずです。頑張ってください

総合職 2017卒

エントリーシート

・内容：志望動機，学生時代力を入れたこと，他に見ている企業，あなたの考えが過去の自分のどのような経験から来ているのか

セミナー

・選考とは無関係
・服装：リクルートスーツ
・内容：ワークショップだったので，実際にディベロッパーがする仕事を体験できた

筆記試験

・科目：英語／数学，算数／国語，漢字
・内容：英語，数学，国語のマークシート。普通。特に特殊な問題なし

面接（個人・集団）

・回数：3回
・質問内容：一番驚いた都市について，人生で一番だった時とどうしてその結果が得られたのか，人生でどん底だった時にどう対処したのか

内定

・拘束や指示：悩む猶予を与えてくれた
・通知方法：電話
・タイミング：予定より早い

● その他受験者からのアドバイス

・よかった点は，約束した日程はしっかりと守っていたこと。社長が来経団連のNo.2ということを誇張するだけあった

自分に合う企業を見つけるのには努力が必要。積極的に行動して，いろいろな業種の企業を見るようにしよう

一般職 2016卒

エントリーシート
・形式：ダウンロードして，プリントアウトして手で記入

セミナー
・選考とは無関係だったが，会社説明会に行かないと，選考には進めない

筆記試験
・科目：SPI（事務処理テスト，一般教養・知識など）

面接（個人・集団）
・回数：2回
・質問内容：「志望動機」「学生時代に打ち込んだこと」「選考状況」「家族構成」など

内定
・通知方法：電話

就活は時に嫌になることもありますが，笑顔を忘れず頑張ってください。面接時の印象は大事ですから！

総合職 2014卒

エントリーシート

- 形式：Webで記入して送信する
- 内容：「志望理由」「大学入学までの経験」「大学での経験」「就職活動を通じて感じたこと」

セミナー

- 選考とは無関係
- 服装：リクルートスーツ

筆記試験

- 形式：Webテスト
- 科目：英語/性格テスト,
- 内容：TAL形式の性格テストとテストセンター

面接（個人・集団）

- 雰囲気：和やか
- 回数：3回
- 質問内容：自己PR，志望理由，チームをまとめる時，どんなことに気をつけているかなど

グループディスカッション

- 実際の業務に似せた形のグループワークとパネルディスカッション

内定

- 拘束や指示：特になし
- 通知方法：電話

● その他受験者からのアドバイス

- 見栄をはらずに，正直に話した方がよいと思います。嘘をついて掘り下げられるときついですから
- 学生生活の集大成として，できる限りの努力をすることが大切。集められる情報は，すべて集めるくらいの意気込みで取り組むこと

大きな声であいさつをすることや笑顔を心がけることなど，当たり前のことをおろそかにしてはいけない。基本を大切にしよう

総合職 2013卒

エントリーシート

・形式：採用ホームページから記入
・内容：あなたにとって『三井不動産』の魅力とその理由／大学入学までの経験，大学・大学院での学生生活での経験，これまでの就職活動を通じての経験，それらの経験が今の考え方や行動にどうつながっているのか

セミナー

・選考とは無関係
・服装：リクルートスーツ
・内容：業界説明・会社説明，時間も短く，特に変わったことはない，三井不動産の仕事を体感するワーク形式のセミナーだった。若手社員との座談会形式で，様々な部署の若手社員10名ほどが集まり，そのうち3人と話せる。個人のお話を伺ったり，社員の人当たりや会社の雰囲気を知るいい機会となった

面接（個人・集団）

・雰囲気：和やか
・回数：3回
・質問内容：なぜデベロッパー，なぜ三井不動産なのか，学生時代に頑張ったこと，ずばり君は他の人に比べてどこが光っている人間なのか，周りの友達からどんな人間と言われているか，そりが合わない上司とどう付き合うか，アルバイト（接客業）で失敗してしまった時どう対処するか，など

筆記試験

・形式：Webテスト
・科目：性格テスト

グループディスカッション

・大きな講演会場で200人くらい集まって6人程度のグループワークだった
・三井不動産が実際に手がけてきたプロジェクトがテーマのため，仕事の理解には役立つ

総合職 2010卒

セミナー

・選考とは無関係
・服装：リクルートスーツ
・内容：グループワーク，パネルディスカッション，企業紹介。参加しないとエントリーシートの提出ができない

筆記試験

・形式：Webテスト
・科目：英語／数学，算数／国語，漢字／性格テスト
・内容：英語を含むテストセンターだった

面接（個人・集団）

・雰囲気：圧迫
・回数：3回
・質問内容：基本的にはエントリーシートの内容に沿ったもの

総合職 2018卒

エントリーシート

・形式：指定の用紙に手書きで記入
・内容：「学生時代に頑張ったこと」「自分の会社選びの軸」

セミナー

・選考とは無関係
・服装：リクルートスーツ
・内容：業界の説明，企業紹介，実際の事業内容の体験型グループワーク，社員4人によるパネルディスカッションなど

筆記試験

・形式：Webテスト
・科目：英語/数学，算数/国語，漢字/性格テストだった。マークシート
・難易度は高めなので，事前に準備が必要

✔ 有価証券報告書の読み方

01 部分的に読み解くことからスタートしよう

　「有価証券報告書（以下，有報）」という名前を聞いたことがある人も少なくはないだろう。しかし，実際に中身を見たことがある人は決して多くはないのではないだろうか。有報とは上場企業が年に1度作成する，企業内容に関する開示資料のことをいう。開示項目には決算情報や事業内容について，従業員の状況等について記載されており，誰でも自由に見ることができる。

　一般的に有報は，証券会社や銀行の職員，または投資家などがこれを読み込み，その後の戦略を立てるのに活用しているイメージだろう。その認識は間違いではないが，だからといって就活に役に立たないというわけではない。就活を有利に進める上で，お得な情報がふんだんに含まれているのだ。ではどの部分が役に立つのか，実際に解説していく。

■有価証券報告書の開示内容

　では実際に，有報の開示内容を見てみよう。

有価証券報告書の開示内容

第一部【企業情報】
　第1　【企業の概況】
　第2　【事業の状況】
　第3　【設備の状況】
　第4　【提出会社の状況】
　第5　【経理の状況】
　第6　【提出会社の株式事務の概要】
　第7　【提出会社の状参考情報】
第二部【提出会社の保証会社等の情報】
　第1　【保証会社情報】
　第2　【保証会社以外の会社の情報】
　第3　【指数等の情報】

有報は記載項目が統一されているため，どの会社に関しても同じ内容で書かれている。このうち就活において必要な情報が記載されているのは，第一部の第1【企業の概況】〜第5【経理の状況】まで，それ以降は無視してしまってかまわない。

02 企業の概況の注目ポイント

第1【企業の概況】には役立つ情報が満載。そんな中，最初に注目したいのが，冒頭に記載されている【主要な経営指標等の推移】の表だ。

回次		第25期	第26期	第27期	第28期	第29期
決算年月		平成24年3月	平成25年3月	平成26年3月	平成27年3月	平成28年3月
営業収益	(百万円)	2,532,173	2,671,822	2,702,916	2,756,165	2,867,199
経常利益	(百万円)	272,182	317,487	332,518	361,977	428,902
親会社株主に帰属する当期純利益	(百万円)	108,737	175,384	199,939	180,397	245,309
包括利益	(百万円)	109,304	197,739	214,032	222,222	217,110
純資産額	(百万円)	1,890,633	2,048,192	2,199,357	2,304,976	2,462,537
総資産額	(百万円)	7,060,409	7,223,204	7,428,303	7,605,690	7,789,762
1株当たり純資産額	(円)	4,738.51	5,135.76	5,529.40	5,818.19	6,232.40
1株当たり当期純利益	(円)	274.89	443.70	506.77	458.95	625.82
潜在株式調整後1株当たり当期純利益	(円)	—	—	—	—	—
自己資本比率	(%)	26.5	28.1	29.4	30.1	31.4
自己資本利益率	(%)	5.9	9.0	9.5	8.1	10.4
株価収益率	(倍)	19.0	17.4	15.0	21.0	15.5
営業活動によるキャッシュ・フロー	(百万円)	558,650	588,529	562,763	622,762	673,109
投資活動によるキャッシュ・フロー	(百万円)	△370,684	△465,951	△474,697	△476,844	△499,575
財務活動によるキャッシュ・フロー	(百万円)	△152,428	△101,151	△91,367	△86,636	△110,265
現金及び現金同等物の期末残高	(百万円)	167,525	189,262	186,057	245,170	307,809
従業員数 [ほか，臨時従業員数]	(人)	71,729 [27,746]	73,017 [27,312]	73,551 [27,736]	73,329 [27,313]	73,053 [26,147]

　見慣れない単語が続くが，そう難しく考える必要はない。特に注意してほしいのが，**営業収益**，**経常利益**の二つ。営業収益とはいわゆる**総売上額**のことであり，これが企業の本業を指す。その営業収益から営業費用（営業費（販売費＋一般管理費）＋売上原価）を差し引いたものが**営業利益**となる。会社の業種はなんであれ，モノを顧客に販売した合計値が営業収益であり，その営業収益から人件費や家賃，広告宣伝費などを差し引いたものが営業利益と覚えておこう。対して経常利益は営業利益から本業以外の損益を差し引いたもの。いわゆる金利による収益や不動産収入などがこれにあたり，本業以外でその会社がどの程度の力をもっているかをはかる絶好の指標となる。

■**会社のアウトラインを知れる情報が続く。**

　この主要な経営指標の推移の表につづいて、「会社の沿革」、「事業の内容」、「関係会社の状況」「従業員の状況」などが記載されている。自分が試験を受ける企業のことを、より深く知っておくにこしたことはない。会社がどのように発展してきたのか、主としている事業はどのようなものがあるのか、従業員数や平均年齢はどれくらいなのか、志望動機などを作成する際に役立ててほしい。

03 事業の状況の注目ポイント

　第2となる【事業の状況】において、最重要となるのは**業績等の概要**といえる。ここでは1年間における収益の増減の理由が文章で記載されている。「○○という商品が好調に推移したため、売上高は△△になりました」といった情報が、比較的易しい文章で書かれている。もちろん、損失が出た場合に関しても包み隠さず記載してあるので、その会社の1年間の動向を知るための格好の資料となる。

　また、業績については各事業ごとに細かく別れて記載してある。例えば鉄道会社ならば、①運輸業、②駅スペース活用事業、③ショッピング・オフィス事業、④その他といった具合だ。**どのサービス・商品がどの程度の売上を出したのか**、会社の持つ展望として、今後**どの事業をより活性化**していくつもりなのか、などを意識しながら読み進めるとよいだろう。

■**「対処すべき課題」と「事業等のリスク」**

　業績等の概要と同様に重要となるのが、「**対処すべき課題**」と「**事業等のリスク**」の2項目といえる。ここで読み解きたいのは、その会社の**今後の伸びしろ**について。いま、会社はどのような状況にあって、どのような課題を抱えているのか。また、その課題に対して取られている対策の具体的な内容などから経営方針などを読み解くことができる。リスクに関しては法改正や安全面、他の企業の参入状況など、会社にとって決してプラスとは言えない情報もつつみ隠さず記載してある。客観的にその会社を再評価する意味でも、ぜひ目を通していただきたい。

　次代を担う就活生にとって、ここの情報はアピールポイントとして組み立てやすい。「新事業の○○の発展に際して……」、「御社が抱える●●というリスクに対して……」などという発言を面接時にできれば、面接官の心証も変わってくるはずだ。

最後に注目したいのが，第5【経理の状況】だ。ここでは，簡単にいえば【主要な経営指標等の推移】の表をより細分化した表が多く記載されている。ここの情報をすべて理解するのは，簿記の知識がないと難しい。しかし，そういった知識があまりなくても，読み解ける情報は数多くある。例えば**損益計算書**などがそれに当たる。

連結損益計算書

(単位：百万円)

	前連結会計年度 (自 平成26年4月1日 至 平成27年3月31日)	当連結会計年度 (自 平成27年4月1日 至 平成28年3月31日)
営業収益	2,756,165	2,867,199
営業費		
運輸業等営業費及び売上原価	1,806,181	1,841,025
販売費及び一般管理費	※1 522,462	※1 538,352
営業費合計	2,328,643	2,379,378
営業利益	427,521	487,821
営業外収益		
受取利息	152	214
受取配当金	3,602	3,703
物品売却益	1,438	998
受取保険金及び配当金	8,203	10,067
持分法による投資利益	3,134	2,565
雑収入	4,326	4,067
営業外収益合計	20,858	21,616
営業外費用		
支払利息	81,961	76,332
物品売却損	350	294
雑支出	4,090	3,908
営業外費用合計	86,403	80,535
経常利益	361,977	428,902
特別利益		
固定資産売却益	※4 1,211	※4 838
工事負担金等受入額	※5 59,205	※5 24,487
投資有価証券売却益	1,269	4,473
その他	5,016	6,921
特別利益合計	66,703	36,721
特別損失		
固定資産売却損	※6 2,088	※6 1,102
固定資産除却損	※7 3,957	※7 5,105
工事負担金等圧縮額	※8 54,253	※8 18,346
減損損失	※9 12,738	※9 12,297
耐震補強重点対策関連費用	8,906	10,288
災害損失引当金繰入額	1,306	25,085
その他	30,128	8,537
特別損失合計	113,379	80,763
税金等調整前当期純利益	315,300	384,860
法人税、住民税及び事業税	107,540	128,972
法人税等調整額	26,202	9,326
法人税等合計	133,742	138,298
当期純利益	181,558	246,561
非支配株主に帰属する当期純利益	1,160	1,251
親会社株主に帰属する当期純利益	180,397	245,309

主要な経営指標等の推移で記載されていた**経常利益**の算出する上で必要な営業外収益などについて，詳細に記載されているので，一度目を通しておこう。

いよいよ次ページからは実際の有報が記載されている。ここで得た情報をもとに有報を確実に読み解き，就職活動を有利に進めよう。

✔ 有価証券報告書

企業の概況

1 主要な経営指標等の推移

(1) 連結経営指標等 ·····························

回次		第107期	第108期	第109期	第110期	第111期
決算年月		2019年3月	2020年3月	2021年3月	2022年3月	2023年3月
売上高	百万円	1,861,195	1,905,642	2,007,554	2,100,870	2,269,103
経常利益	〃	254,106	258,510	168,865	224,940	265,358
親会社株主に帰属する当期純利益	〃	168,661	183,972	129,576	176,986	196,998
包括利益	〃	201,538	167,004	206,009	310,664	223,512
純資産額	〃	2,420,804	2,486,525	2,655,991	2,913,752	3,031,220
総資産額	〃	6,802,731	7,395,359	7,741,972	8,208,012	8,841,396
1株当たり純資産額	円	2,384.87	2,480.36	2,656.42	2,942.11	3,107.37
1株当たり当期純利益金額	〃	171.30	188.35	134.44	184.44	207.91
潜在株式調整後1株当たり当期純利益金額	〃	171.18	188.19	134.33	184.30	207.75
自己資本比率	%	34.4	32.6	33.0	34.1	32.8
自己資本利益率	〃	7.4	7.7	5.2	6.6	6.9
株価収益率	倍	16.2	9.9	18.7	14.2	11.9
営業活動によるキャッシュ・フロー	百万円	216,709	87,094	187,862	271,469	297,708
投資活動によるキャッシュ・フロー	〃	△388,895	△532,806	△131,035	△210,057	△422,034
財務活動によるキャッシュ・フロー	〃	231,238	467,751	△66,565	△139,600	111,448
現金及び現金同等物の期末残高	〃	157,682	179,472	187,723	142,682	132,310
従業員数 (外、平均臨時雇用者数)	人	19,081 (13,246)	20,864 (13,691)	23,992 (14,238)	24,408 (13,829)	24,706 (13,962)

(注) 「収益認識に関する会計基準」(企業会計基準第29号 2020年3月31日)等を第110期の期首から適用しており、第110期以降に係る主要な経営指標等については、当該会計基準等を適用した後の指標等となっております。

(point) **主要な経営指標等の推移**

数年分の経営指標の推移がコンパクトにまとめられている。見るべき箇所は連結の売上、利益、株主資本比率の3つ。売上と利益は順調に右肩上がりに伸びているか、逆に利益で赤字が続いていたりしないかをチェックする。株主資本比率が高いとリーマンショックなど景気が悪化したときなどでも経営が傾かないという安心感がある。

(2) 提出会社の経営指標等 ··

回次		第107期	第108期	第109期	第110期	第111期
決算年月		2019年3月	2020年3月	2021年3月	2022年3月	2023年3月
売上高	百万円	733,980	776,355	858,686	883,794	831,505
経常利益	〃	171,523	189,080	141,474	159,468	160,141
当期純利益	〃	122,737	150,424	122,785	152,247	149,975
資本金	〃	339,766	339,766	339,897	340,162	340,552
発行済株式総数	千株	991,424	979,250	965,281	959,474	948,451
純資産額	百万円	1,968,500	2,035,114	2,178,077	2,340,166	2,346,172
総資産額	〃	5,392,430	5,837,386	5,957,912	6,380,086	6,585,385
1株当たり純資産額	円	2,002.78	2,094.17	2,262.26	2,460.61	2,511.91
1株当たり配当額 （うち、1株当たり 中間配当額）	〃	44.00 (20.00)	44.00 (22.00)	44.00 (22.00)	55.00 (22.00)	62.00 (30.00)
1株当たり当期純利 益金額	〃	124.66	154.00	127.39	158.66	158.28
潜在株式調整後1株 当たり当期純利益金 額	〃	124.57	153.87	127.29	158.54	158.16
自己資本比率	%	36.5	34.8	36.5	36.7	35.6
自己資本利益率	〃	6.4	7.5	5.8	6.7	6.4
株価収益率	倍	22.3	12.1	19.7	16.5	15.7
配当性向	%	35.2	28.5	34.5	34.7	39.2
従業員数 （外、平均臨時雇用 者数）	人	1,577 (1)	1,678 (1)	1,776 (2)	1,898 (1)	1,973 (2)
株主総利回り （比較指標：配当込 みTOPIX）	% %	109.5 (95.0)	75.9 (85.9)	102.5 (122.1)	108.7 (124.6)	105.9 (131.8)
最高株価	円	3,082	3,035	2,675	2,816	3,023
最低株価	円	2,346	1,538	1,645	2,211	2,224

（注）1. 最高株価及び最低株価は，2022年4月4日より東京証券取引所プライム市場におけるものであり，それ以前については東京証券取引所市場第一部におけるものであります。

2. 「収益認識に関する会計基準」（企業会計基準第29号 2020年3月31日）等を第110期の期首から適用しており，第110期以降に係る主要な経営指標等については，当該会計基準等を適用した後の指標等となっております。

　当社は，三井総元方の三井改組計画により，旧三井合名会社所有の不動産の経営を主たる目的として，1941年7月15日，資本金300万円をもって，三井不動産株式会社として設立されました。

　創立以来，事務所用ビル等の賃貸・管理を営業の中核としておりましたが，1950年代半ば以降，経営の多角化をはかり，1957年千葉県臨海地区の浚渫埋立に着手して臨海土地造成事業に進出，また，1961年には住宅地の造成・分譲事業の分野に，さらに1968年から戸建住宅や中高層住宅の建設・分譲事業にそれぞれ進出いたしました。

　近年当社グループは，ビル賃貸事業，商業施設賃貸事業および住宅分譲事業を主軸として，ホテル・リゾート事業，ロジスティクス事業，コンサルティング事業，管理受託事業および海外事業等も展開しております。

　今日までの変遷の概要は以下のとおりであります。

1941年7月	・当社設立（資本金300万円）
1949年5月	・東京証券取引所市場第一部に株式を上場
1956年10月	・(株) 三井本社を吸収合併
1962年2月	・大阪支店 (現関西支社) 開設
1966年12月	・「百合ヶ丘宅地造成第1期」竣工
1968年4月	・「霞が関ビルディング」竣工
1969年7月	・三井不動産販売 (株) 設立
1972年4月	・札幌支店 (現北海道支店)，広島支店 (現中国支店)，福岡支店 (現九州支店) 開設
1972年10月	・名古屋支店 (現中部支店) 開設
1973年5月	・米国三井不動産 (株) 設立
1973年9月	・新名古屋ビル (株) を吸収合併
1973年12月	・仙台支店 (現東北支店) 開設
1974年9月	・「新宿三井ビルディング」竣工
1974年10月	・三井ホーム (株)，三井不動産建設 (株) 設立
1980年5月	・共同事業システム「Let's」開始
1980年9月	・「サンシティ」全体竣工
1981年3月	・MITSUI FUDOSAN (SINGAPORE) PTE. LTD.設立

(point) **沿革**

　どのように創業したかという経緯から現在までの会社の歴史を年表で知ることができる。過去に行った重要なM&Aなどがいつ行われたのか，ブランド名はいつから使われているのか，いつ頃から海外進出を始めたのか，など確認することができて便利だ。

1981年4月	・「ららぽーと船橋SC（現三井ショッピングパーク　ららぽーとTOKYO−BAY）」営業開始
1983年9月	・「ハレクラニ」営業開始
1984年1月	・「三井ガーデンホテル大阪（現三井ガーデンホテル大阪淀屋橋）」営業開始
1988年4月	・横浜支店開設
1989年12月	・米国三井不動産グループ（株）設立
1990年1月	・MITSUI FUDOSAN (U.K.) LTD.設立
1990年4月	・千葉支店開設
1992年7月	・MITSUI FUDOSAN (SINGAPORE) PTE. LTD.がMITSUI FUDOSAN (ASIA) PTE. LTD.に商号変更
1993年7月	・「ベル・パークシティ」全体竣工
1998年9月	・「横浜ベイサイドマリーナ ショップス＆レストランツ（現三井アウトレットパーク　横浜ベイサイド）」営業開始
1999年12月	・米国三井不動産グループ（株）が米国三井不動産（株）を吸収合併
2000年3月	・米国三井不動産グループ（株）がMITSUI FUDOSAN AMERICA, INC.に商号変更
2002年3月	・三井不動産建設（株）の全株式を売却
2002年10月	・三井不動産販売（株）を株式交換により完全子会社化
2005年7月	・「日本橋三井タワー」竣工
2005年12月	・三井不動産レジデンシャル（株）設立
2007年1月	・「東京ミッドタウン」竣工
2012年4月	・三井不動産販売（株）が三井不動産リアルティ（株）に商号変更
2014年7月	・柏の葉スマートシティ「ゲートスクエア」営業開始
2014年9月	・「三井不動産ロジスティクスパーク堺」竣工
2018年2月	・「東京ミッドタウン日比谷」竣工
2018年10月	・三井ホーム（株）を株式公開買付けにより完全子会社化 ・「55 ハドソンヤード」竣工
2019年3月	・「日本橋室町三井タワー」竣工
2021年1月	・（株）東京ドームを株式公開買付けにより連結子会社化
2022年4月	・東京証券取引所の市場区分の見直しにより，東京証券取引所市場第一部からプライム市場に移行

3　事業の内容

　当社および当社の関係会社393社（うち，連結子会社300社，持分法適用関

連会社93社）が営んでいる主な事業内容，当該事業に携わっている主要な会社名および各社の当該事業における位置付けは次のとおりです。

≪賃貸事業≫

　三井不動産（株）はオフィスビルおよび商業施設等の賃貸を行っています。MITSUI FUDOSAN AMERICA, INC., MITSUI FUDOSAN (U.K.) LTD.（いずれも連結子会社）は米国，英国においてオフィスビル等の賃貸を行っており，MITSUI FUDOSAN (ASIA) MALAYSIA SDN.BHD., 台湾三井不動産股份有限公司（いずれも連結子会社）はマレーシア，台湾において商業施設の賃貸を行っています。

≪分譲事業≫

　三井不動産（株）は業務施設等の分譲を行っています。三井不動産レジデンシャル（株）（連結子会社）は戸建・中高層住宅等の分譲を行っています。TID PTE. LTD.（持分法適用関連会社），MITSUI FUDOSAN AMERICA, INC., MITSUI FUDOSAN (U.K.) LTD.はシンガポール，米国，英国において分譲事業を行っています。

≪マネジメント事業≫

＜プロパティマネジメント＞

　賃貸事業における管理・清掃・保守業務等については主に三井不動産ファシリティーズ（株），三井不動産ファシリティーズ・ウエスト（株）（いずれも連結子会社）が行っています。三井不動産（株）は，三井不動産ビルマネジメント（株）（連結子会社），三井不動産ファシリティーズ・ウエスト（株）にオフィスビルの一部の運営委託を行っています。三井不動産商業マネジメント（株）（連結子会社）は商業施設の運営管理業務を行っています。また，住宅分譲後の管理・清掃・保守業務等を三井不動産レジデンシャルサービス（株），三井不動産レジデンシャルサービス関西（株）（いずれも連結子会社）が行っています。三井不動産レジデンシャルリース（株）（連結子会社）は賃貸住宅の転貸および運営の代行を行っています。三井ホームエステート（株）（連結子会社）は賃貸住宅等の斡旋・管理業務等を行っています。三井不動産リアルティ（株）（連結子会社）は時間貸および月極の駐車場事業「リパーク」を行っています。

(point) **事業の内容**

　会社の事業がどのようにセグメント分けされているか，そして各セグメントではどのようなビジネスを行っているかなどの説明がある。また最後に事業の系統図が載せてあり，本社，取引先，国内外子会社の製品・サービスや部品の流れが分かる。ただセグメントが多いコングロマリットをすぐに理解するのは簡単ではない。

<仲介・アセットマネジメント等>
　三井不動産（株）は不動産の開発や流動化に関するコンサルティング業務を行っています。三井不動産レジデンシャル（株）は住宅等の販売代理事業を行っています。三井不動産リアルティ（株）は「三井のリハウス」ネットワークによる不動産の売買・賃貸借の仲介業務を行っています。三井不動産投資顧問（株）（連結子会社）は，不動産私募ファンドの組成・運用業務を行っています。日本ビルファンドマネジメント（株），（株）三井不動産アコモデーションファンドマネジメント，三井不動産ロジスティクスリートマネジメント（株）および三井不動産フロンティアリートマネジメント（株）（いずれも連結子会社）は不動産投資信託の資産運用業務を行っています。
≪その他の事業≫
<新築請負>
　三井ホーム（株）（連結子会社）およびFC各社は新築住宅等の設計・施工監理・施工請負を行っています。
<施設営業>
　（株）三井不動産ホテルマネジメント（連結子会社）は，主に三井不動産（株）が所有するホテルを賃借し，ホテル営業を行っています。（株）帝国ホテル（※）（持分法適用関連会社）はホテルの営業等を行っています。MITSUI FUDOSAN AMERICA, INC.は米国ハワイ州においてリゾート・ラグジュアリー施設営業を行っています。三井不動産リゾートマネジメント（株）および志摩リゾートマネジメント（株）（いずれも連結子会社）は，三井不動産（株）が所有するリゾート・ラグジュアリー施設を賃借し，リゾート・ラグジュアリー施設営業を行っています。三井不動産ゴルフプロパティーズ（株）および（株）三井の森（いずれも連結子会社）はゴルフ場事業を行っています。

＜東京ドーム＞

　（株）東京ドーム（連結子会社）は，主に東京ドームシティを中心としたスタジアム・アリーナ事業を行っています。

＜その他＞

　三井デザインテック（株）（連結子会社）は住宅のリフォーム工事やオフィス・商業施設のリニューアル工事を行っています。第一園芸（株）（連結子会社）は花卉・種苗・園芸用品等の小売を行っています。三井不動産TGスマートエナジー（株）（連結子会社）は特定送配電・熱供給事業を行っています。

※　（株）帝国ホテル（持分法適用関連会社）は，東京証券取引所スタンダード市場に株式上場しています。

以上の主な関係会社の事業内容を特に三井不動産（株）の事業との関連を中心にして系統図に表すと次のとおりです。

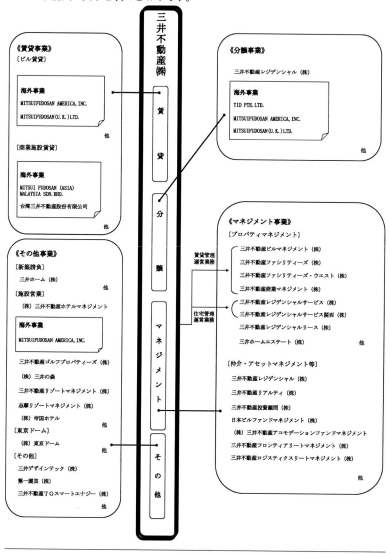

（1） 連結子会社 ··

名称	住所	資本金（百万円）	事業内容	議決権の所有の割合（％）	うち間接所有（％）	関係内容	当社からの事務所の賃借	役員の兼任（人）	うち当社従業員（人）
㈱アコモデーションファースト	東京都港区	10	マネジメント	100.0	100.0			4	4
伊勢志摩リゾートマネジメント㈱	三重県志摩市	50	その他	100.0	—	当社からリゾート施設を賃借しています。		5	5
㈱ウェイブリアルエステート	東京都中央区	90	賃貸、分譲	100.0	—		有	4	4
㈱ＮＢＦオフィスマネジメント	東京都中央区	10	マネジメント	100.0	—	当社からビルの運営業務を委託しています。	有	4	4
MF-GB投資事業有限責任組合	東京都渋谷区	4,500	その他	99.0	—			0	0
MF-GB2号投資事業有限責任組合	東京都渋谷区	3,400	その他	99.0	—			0	0
エム・エフ・リビングサポート㈱	東京都江東区	100	マネジメント	100.0	100.0			3	2
臼津開発㈱	大分県臼杵市	120	その他	96.0	—			3	3
㈱GREENCOLLAR	東京都中央区	22	その他	66.7	—			4	4
GREENCOLLAR NEWZEALAND LIMITED	ニュージーランドオークランド	NZ＄7,220,000	その他	100.0	100.0			4	4
31VENTURES-グローバル・ブレイン-グロースⅠ合同会社	東京都中央区	9,190	その他	99.7	—			0	0
サンライフ・クリエイション㈱	東京都中央区	300	分譲、マネジメントほか	100.0	100.0		有	3	2
㈱ShareTomorrow	東京都中央区	25	その他	100.0	—			4	4
志摩リゾートマネジメント㈱	三重県志摩市	100	その他	100.0	—	当社からリゾート施設を賃借しています。		5	5
すまいサポート㈱	東京都中央区	50	マネジメント	100.0	100.0			2	2
大浅間ゴルフ㈱	長野県北佐久郡	150	その他	86.8	0.9			3	2
第一園芸㈱	東京都品川区	480	賃貸、その他	100.0	—		有	5	5
㈱綱町倶楽部	東京都港区	10	その他	100.0	—			4	4
ティー・エム・サービスアパートメント㈱	東京都港区	10	マネジメント	100.0	—			4	4
ティー・エム・パークレジデンシィズ㈱	東京都港区	10	マネジメント	100.0	—			4	4
㈱TOKYO-BAYアリーナ	東京都中央区	100	賃貸	60.0	—			7	6
東京ミッドタウンマネジメント㈱	東京都港区	100	マネジメント	100.0	—		有	7	6
成田スポーツ開発㈱	千葉県成田市	30	その他	100.0	—			3	3
㈱はいむるぶし	沖縄県八重山郡	200	その他	100.0	—	当社からリゾート施設を賃借しています。		4	4
ファースト・ファシリティーズ千葉㈱	千葉県千葉市	20	マネジメント	100.0	100.0		有	3	3

point 関係会社の状況

主に子会社のリストであり，事業内容や親会社との関係についての説明がされている。
特に製造業の場合などは子会社の数が多く，すべてを把握することは難しいが，重要
な役割を担っている子会社も多くある。有報の他の項目では一度も触れられていない
場合が多いので，気になる会社については個別に調べておくことが望ましい。

名称	住所	資本金(百万円)	事業内容	議決権の所有割合(%)	うち間接所有(%)	関係内容	当社からの事務所の賃借	役員の兼任(人)	うち当社従業員(人)
ファースト・ファシリティーズ・チャレンジド㈱	東京都中央区	10	マネジメント	100.0	100.0			3	3
㈱船橋ヘルスセンター	千葉県船橋市	10	その他	100.0	100.0			1	1
フロンティアリートSCマネジメント㈱	東京都中央区	10	マネジメント	100.0	100.0			3	3
三井デザインテック㈱	東京都中央区	500	その他	100.0	-	当社よりオフィス・商業施設の内装工事等を請負っています。	有	9	7
三井都市開発㈱	東京都中央区	1,000	賃貸、分譲	100.0	100.0			4	1
㈱三井の森	長野県茅野市	200	マネジメント、その他	100.0	-		有	4	4
㈱三井不動産アコモデーションファンドマネジメント	東京都中央区	300	マネジメント	100.0				5	5
三井不動産エンジニアリング㈱	東京都中央区	100	マネジメント	100.0				6	6
三井不動産ゴルフプロパティーズ㈱	東京都中央区	490	その他	100.0				3	3
三井不動産(上海)投資諮詢有限公司	中華人民共和国上海市	7,870,440元	マネジメント	100.0				5	3
三井不動産商業マネジメント㈱	東京都中央区	450	マネジメント	100.0	-	当社が商業施設等の運営業務を委託しています。	有	11	10
三井不動産TGスマートエナジー㈱	東京都中央区	100	その他	70.0	-		有	4	3
三井不動産投資顧問㈱	東京都中央区	490	マネジメント	100.0			有	9	7
三井不動産ビルマネジメント㈱	東京都中央区	490	マネジメント	100.0	-	当社がビルの運営業務を委託しています。	有	8	5
三井不動産ファシリティーズ㈱	東京都中央区	490	マネジメント	100.0	-	当社が建物および付属施設の清掃・管理・保守等を委託しています。	有	12	9
三井不動産ファシリティーズ・ウエスト㈱	大阪府大阪市	200	マネジメント	100.0	100.0		有	5	5
三井不動産フロンティアリートマネジメント㈱	東京都中央区	450	マネジメント	100.0			有	6	6
㈱三井不動産ホテルマネジメント	東京都中央区	490	その他	100.0	-	当社からホテルを賃借しています。	有	9	5
三井不動産リゾートマネジメント㈱	東京都中央区	100	その他	100.0	-	当社からリゾート施設を賃借しています。	有	6	5
三井不動産レジデンシャル㈱※1、※2	東京都中央区	40,000	賃貸、分譲ほか	100.0			有	10	
三井不動産レジデンシャルサービス㈱	東京都江東区	400	マネジメント	100.0	100.0		有	9	6
三井不動産レジデンシャルサービス関西㈱	大阪府大阪市	300	マネジメント	100.0	100.0		有	6	4

名称	住所	資本金 (百万円)	事業内容	議決権の所有割合 (%)	うち間接所有 (%)	関係内容	当社からの事務所の賃借	役員の兼任 (人)	うち当社従業員 (人)
三井不動産レジデンシャルサービス九州㈱	福岡県福岡市	100	マネジメント	100.0	100.0		有	2	1
三井不動産レジデンシャルサービス中国㈱	広島県広島市	100	マネジメント	100.0	100.0		有	2	1
三井不動産レジデンシャルサービス東北㈱	宮城県仙台市	100	マネジメント	100.0	100.0		有	2	1
三井不動産レジデンシャルサービス北海道㈱	北海道札幌市	100	マネジメント	100.0	100.0		有	2	1
三井不動産レジデンシャルリース㈱	東京都新宿区	490	マネジメント	100.0	100.0	当社が賃貸住宅の運営業務を委託しています。	有	8	6
三井不動産ローン保証㈱	東京都中央区	100	その他	100.0	—	当社の販売物件のローン保証を行っています。		3	3
三井不動産ロジスティクスリートマネジメント㈱	東京都中央区	200	マネジメント	100.0			有	5	5
三井不動産ワールドファーム㈱	東京都中央区	235	その他	97.9				4	3
港エステート㈱	東京都中央区	110	その他	100.0				3	3
ららぽーとエージェンシー㈱	東京都中央区	20	マネジメント	100.0	100.0			7	7
レジデントインシュアランス少額短期保険㈱	東京都千代田区	50	その他	100.0	100.0			2	2
レジデントファースト㈱	東京都港区	10	マネジメント	100.0	100.0			5	5
日本ビルファンドマネジメント㈱※3	東京都中央区	495	マネジメント	46.0	—		有	4	4
その他34社				—					

名称	住所	資本金 (百万円)	事業内容	議決権の所有割合 (%)	うち間接所有 (%)	関係内容	当社からの事務所の賃借	役員の兼任 (人)	うち当社従業員 (人)
MFA Holding, Inc.	アメリカ合衆国デラウェア州ウィルミントン	US＄1,000	賃貸、分譲ほか	100.0	－			4	1
MITSUI FUDOSAN AMERICA, INC.	アメリカ合衆国デラウェア州ニューアーク	US＄722,000	賃貸、分譲ほか	100.0	100.0			3	1
その他 MFA Holding, Inc. グループ 112社				－					
MITSUI FUDOSAN (ASIA) PTE. LTD.	シンガポール共和国	S＄103,863,128	賃貸、分譲ほか	100.0	40.0			6	4
その他 MITSUI FUDOSAN (ASIA) PTE.LTD. グループ 5社				－					
MITSUI FUDOSAN (ASIA) MALAYSIA SDN. BHD.	マレーシアクアラルンプール	MYR115,794,000	賃貸、分譲	100.0	40.0			5	3
その他 MITSUI FUDOSAN (ASIA) MALAYSIA SDN. BHD. グループ 3社									
MITSUI FUDOSAN ASIA Development (Thailand) Co., LTD.	タイ王国バンコク	THB4,000,000	賃貸、分譲	100.0	40.0			4	4
MITSUI FUDOSAN ASIA (Thailand) Co.,LTD.	タイ王国バンコク	THB30,000,000	賃貸、分譲	100.0	100.0			5	4
MITSUI FUDOSAN AUSTRALIA PTY. LTD.	オーストラリア連邦シドニー	A＄6,000,000	賃貸、分譲	100.0	－			3	3
その他 MITSUI FUDOSAN AUSTRALIA PTY. LTD. グループ 2社				－					
MITSUI FUDOSAN (U.K.) LTD. ※1	英国ロンドン市	£477,250,000	賃貸、分譲	100.0	－			4	1
その他 MITSUI FUDOSAN (U.K.) LTD. グループ 34社				－					
台湾三井不動産股份有限公司	台湾台北市	NT＄4,476,308,545	賃貸、分譲ほか	100.0	40.0			5	3
その他 台湾三井不動産股份有限公司 グループ 11社				－					
三井不動産リアルティ㈱	東京都千代田区	20,000	マネジメント	100.0	－		有	8	3
その他 三井不動産リアルティ㈱グループ 6社				－					
三井ホーム㈱	東京都新宿区	13,900	その他	100.0	－		有	10	7
三井ホームエステート㈱	東京都千代田区	100	マネジメント	100.0	100.0		有	0	0

三井ホーム エンジニアリング㈱	東京都世田谷区	100	その他	100.0	100.0			1	1
三井ホームコンポーネント㈱	東京都中央区	300	その他	100.0	100.0			1	1
三井ホームリンケージ㈱	東京都新宿区	300	その他	100.0	100.0			0	0
その他 三井ホーム㈱グループ　8社				―					
㈱東京ドーム	東京都文京区	2,038	その他	80.0	―			5	2
松戸企産㈱	千葉県松戸市	100	その他	100.0	100.0			2	2
㈱東京ドームホテル	東京都文京区	100	その他	100.0	100.0			2	2
その他 ㈱東京ドームグループ　7社				―					

(注) 1. 事業の内容欄には，事業の種類別セグメントの名称を記載しています。

　　 2. ※1：特定子会社に該当します。

　　 3. ※2：三井不動産レジデンシャル（株）は，売上高（連結会社相互間の内部売上高を除く。）の連結売上高に占める割合が10％を超えており，主要な損益情報等は以下のとおりです。

　　　　(1) 売上高　　　 345,077百万円

　　　　(2) 経常利益　　 59,682百万円

　　　　(3) 当期純利益　 42,617百万円

　　　　(4) 純資産額　　 177,977百万円

　　　　(5) 総資産額　 1,002,456百万円

　　 4. ※3：議決権の所有割合は100分の50以下ですが，実質的に支配しているため子会社としたものであります。

---

point 従業員の状況

　　主力セグメントや，これまで会社を支えてきたセグメントの人数が多い傾向があるのは当然のことだろう。上場している大企業であれば平均年齢は40歳前後だ。また労働組合の状況にページが割かれている場合がある。その情報を載せている背景として，労働組合の力が強く，人数を減少しにくい企業体質だということを意味している。

（2） 持分法適用関連会社 ··

名称	住所	資本金（百万円）	事業内容	議決権の所有割合（%）	うち間接所有（%）	関係内容	当社からの事務所の賃借	役員の兼任（人）	うち当社従業員（人）
㈱帝国ホテル※1	東京都千代田区	1,485	ホテルの経営・運営	33.2	－			2	0
TID PTE.LTD.	シンガポール共和国	S$10,000,000	住宅分譲	49.0	－			4	3
リソルホールディングス㈱※1	東京都新宿区	3,948	リゾート施設の運営等	41.0	－		有	3	2
京葉土地開発㈱	東京都千代田区	10	不動産業	33.3	－			1	1
㈱セノン	東京都新宿区	100	警備業	20.8	－	当社がビルの警備を委託しています。	有	1	0
㈱エスエルタワーズ	東京都中央区	100	ビル賃貸業	42.5	－	当社から建物を賃借しています。	有	2	2
熊本国際空港㈱	熊本県上益城郡	6,440	熊本国際空港の運営・管理	29.0	－			2	2
広島国際空港㈱	広島県三原市	9,250	広島国際空港の運営・管理	32.0	－			3	3
㈱湘南国際村協会※2	神奈川県三浦郡	494	湘南国際村センターの運営・管理	16.0	－			1	1
その他 三井ホーム㈱グループ　5社 ㈱東京ドームグループ　1社 MITSUI FUDOSAN ASIA Development(Thailand) Co., LTD. グループ　17社 MFA Holding, Inc.グループ　15社 MITSUI FUDOSAN (ASIA) PTE. LTD. グループ　9社 MITSUI FUDOSAN (U.K.) LTD. グループ　6社 台湾三井不動産股份有限公司 グループ　6社 MITSUI FUDOSAN AUSTRALIA PTY. LTD. グループ　1社 MITSUI FUDOSAN (ASIA) MALAYSIA SDN. BHD. グループ　1社 その他　23社									

（注）1. ※1：有価証券報告書を提出しています。

2. ※2：議決権の所有割合は100分の20未満ですが，実質的な影響力を持っているため関連会社としたものであります。

5 従業員の状況

(1) 連結会社の状況 ··

セグメントの名称	従業員数（人）	
賃貸	1,624	[30]
分譲	1,419	[814]
マネジメント	12,007	[9,064]
その他	9,128	[4,054]
全社（共通）	528	[0]
合計	24,706	[13,962]

（注）1. 従業員数は就業人員数であり，臨時従業員数は［ ］内に年間の平均を外数で記載しています。
　　　2. 全社（共通）として，記載されている従業員数は，特定のセグメントに区分できない管理部門に所属しているものであります。

(2) 提出会社の状況 ··

（2023年3月31日現在）

従 業 員 数（人）	平 均 年 齢（歳）	平均勤続年数（年）	平均年間給与（千円）
1,973	40.2	10.6	12,692

セグメントの名称	従業員数（人）	
賃貸	1,012	[2]
分譲	156	[0]
マネジメント	126	[0]
その他	151	[0]
全社（共通）	528	[0]
合計	1,973	[2]

（注）1. 従業員数は就業人員数であり，臨時従業員数は［ ］内に年間の平均を外数で記載しています。
　　　2. 平均年間給与は，賞与および基準外賃金を含んでおります。

(3) 労働組合の状況 ··

　　当社の労働組合は三井不動産労働組合と称し，会社と組合との間に特記すべき事項はありません。

　　なお，当社グループ全体での労働組合は組織されておりません。

(point) 業績等の概要

　　この項目では今期の売上や営業利益などの業績がどうだったのか，収益が伸びたあるいは減少した理由は何か，そして伸ばすためにどんなことを行ったかということがセグメントごとに分かる。現在，会社がどのようなビジネスを行っているのか最も分かりやすい箇所だと言える。

事業の状況

　文中の将来に関する事項は，当連結会計年度末現在において当社グループが判断したものであります。

（1）　会社の経営の基本方針 ··

　当社グループは，会社の経営の基本方針となるステートメント，ビジョン，ミッションのもと，企業としての成長と社会的な価値の創出に積極的に取り組んでおります。

GROUP STATEMENT

　都市に豊かさと潤いを

GROUP VISION　～私たちはどうありたいか～

1.「＆」マークの理念

　私たちは，「＆」マークに象徴される「共生・共存」「多様な価値観の連繋」「持続可能な社会の実現」の理念のもと，社会・経済の発展と地球環境の保全に貢献します。

　～「＆EARTH」を掲げて，人と地球がともに豊かになる社会をめざします。

2.　進化と価値創造

　私たちは，不動産ビジネスを進化させることにより，人々に「新しい時代の夢と感動」をもたらします。

　～多様な「知」をとりいれ融合させることにより，国内外で新たな価値を創造します。

　～社会環境・市場構造などの変化と，そのグローバルな潮流を積極的にとらえます。

3.　成長性と収益性に富んだ三井不動産グループ

　私たちは，グループ総体の力を公正にいかんなく発揮することによって，「成長性と収益性に富んだ三井不動産グループ」を実現します。

GROUP MISSION　〜私たちに今求められていること〜

1. ビジネスとくらしに関するソリューションとサービスの提供

　　豊かさと潤いをもたらし，安全・安心で魅力にあふれる空間とソフト，サービスを提供して，街の価値を最大化する。

　　多彩で革新的なソリューションを提供して，不動産投資市場の成長に貢献する。

2. グローバルな視野で顧客のパートナーへ

　　顧客をビジネスの創造ならびに進化・発展の基盤と考える。

　　顧客が真に求めているものを多面的に把握し，グループの総力で提案・実現する。

　　顧客のパートナーとして，高い評価を獲得し続け，ブランド価値を高める。

3. 企業価値の向上

　　持続的な利益成長を図るとともに，不断のイノベーションを行うことにより企業価値を向上させる。

　　経営資源の最適活用ならびに効率経営を追求する。

　　常にリスクに対して適正なマネジメントを行う。

4. 個の力を高め結集してグループの力へ

　　多彩な人材，多様な価値観を融合し，パイオニア精神に満ちた独創性を育む。

　　個々人がプロフェッショナルな知識・能力を磨き，互いに共有して，付加価値創造力を高める。

　　企業倫理と規律，コンプライアンスについて，常に高い意識を持って行動する。

(注) 1999年6月に制定し，2018年4月に改訂しております。

(2)　経営環境，会社の長期経営方針及び対処すべき課題 ‥‥‥‥‥‥‥‥‥‥‥

　　今後の社会経済環境の見通しにつきましては，社会経済活動の正常化に伴い，景気が持ち直していくことが期待されるものの，長期化するロシアのウクライナ侵攻や米中関係の緊張，両岸問題といった地政学的リスク等を背景とした，インフレ・コスト高の進行，主要各国の金融引き締め等により，世界経済の先行きは

極めて不透明な状況にあります。わが国においても，エネルギー価格・原材料価格の上昇，金利上昇等のリスクに加えて世界経済の下振れがわが国の経済を下押しするリスクに備える必要があります。

　このような見通しのもと，新型コロナウイルス感染症によって生じた暮らし方や働き方における不可逆的な変化を的確に捉え，ビジネスモデルの変革をさらに加速してまいります。

　新型コロナウイルス感染症を契機として，「リモートの有用性」が認識された一方で，「デジタルでは代替できないリアル空間の価値」が再認識されました。人と人がリアルの空間で接触することにより生まれるイノベーション，雑談等の偶然性から生まれる新しい価値，五感で感動体験を得るスポーツ・エンターテインメント等がその代表的な例です。ポストコロナの街づくりには，リアルとデジタルの最適な組み合わせを考えていかなければなりません。デジタルが適している部分については徹底的にデジタル技術と街に蓄積したデータを活用するとともに，リアルが適している部分についてはリアル空間ならではの価値を最大限に高めてまいります。

　また，わが国における少子高齢化，人口減少の現状を踏まえると，あらゆる分野において「需要を創り出していく」ことが大変重要であると認識しております。それを実現するために，われわれ自らが不動産デベロッパーの枠を超え，企業や社会，それを構成する人々の英知を結集する「場」や「コミュニティ」を創出し，いわば「オープンイノベーションのプラットフォーマー」の役割を果たすことで，新産業の創造に貢献してまいります。住宅や商業施設，ホテル・リゾート，スポーツ・エンターテインメントなどのいわゆるBtoC事業においても，様々なステークホルダーと協働し，より豊かな暮らし方や働き方を提案することで，新たな需要の創出につなげてまいります。

　さらに，海外では，総合デベロッパーとしての当社グループの強みと，各国のマーケットに精通したパートナーの強みを組み合わせ，欧米・アジアそれぞれのエリア特性を活かし，安定性と成長性に富んだポートフォリオを構築してまいります。

　ESG・サステナビリティに関する取り組みとしては，「脱炭素社会実現に向けたグループ行動計画」に基づき，国内全ての新築物件におけるZEB（ネット・ゼ

ロ・エネルギー・ビル)・ZEH(ネット・ゼロ・エネルギー・ハウス)水準の環境性能実現，国内全施設における電力グリーン化等の再生可能エネルギーの積極活用，メガソーラー事業の拡大，サプライチェーン全体での脱炭素に向けたパートナーシップ強化等に継続して取り組んでまいります。

また，「ダイバーシティ＆インクルージョン推進宣言」とその取り組み方針に基づき，社内公募型のワーキングチームを組成し，従業者の声を聞きながら様々な施策に取り組むとともに，当社グループ会社との定期的な推進会議の開催，合同研修をはじめとした共通施策を実施するなど，当社グループ全体でダイバーシティ＆インクルージョンの取り組みを進めてまいります。

さらに，当社グループ保有林等における「生物多様性」に配慮した持続的な取り組みや，「ビジネスと人権」に関する取り組みをより一層推進するなど，重要なESG課題についても当社グループ全体で取り組んでまいります。

当社グループは，グループ長期経営方針「VISION 2025」の達成に向け，「街づくりを通して，持続可能な社会の構築を実現」，「テクノロジーを活用し，不動産業そのものをイノベーション」，「グローバルカンパニーへの進化」をビジョンに掲げ，引き続き「顧客志向の経営」，「ビジネスイノベーション」，「グループ経営の進化」の３つの基本ストラテジーの実践による価値創造に取り組み，社会全体のESG課題の解決やSDGsの達成に貢献いたします。また，グループ長期経営方針「VISION 2025」の先を見据え，事業環境変化を踏まえた競争戦略や成長戦略を描き，新たな経営方針を策定してまいります。

さらに，内部管理態勢の強化など，引き続きコーポレートガバナンスを充実させ，企業価値の向上に一層努めてまいります。

① 「VISION 2025」における３つのビジョン

a. 街づくりを通して，持続可能な社会の構築を実現

当社グループは創立以来，私たちのDNAであるパイオニア精神を発揮し，各時代のパラダイム転換を捉えて新たな価値を創造しながら，街づくりを通した社会課題の解決に取り組んでまいりました。

例えば，「柏の葉スマートシティ」は，当社が2005年から千葉県柏市で開発している課題解決型の街づくり事業です。現在，公・民・学の連携のもと「環境共生」

「健康長寿」「新産業創造」の実現を目指した取り組みを進めています。

　また，「日本橋再生計画」においては，「残しながら，蘇らせながら，創っていく」をコンセプトに掲げて，地域社会や文化の活性化を図るとともに，地域全体の防災力強化に取り組むなど，当社グループの街づくりは持続可能な社会の構築の一翼を担っています。

　アセットクラス毎の取り組みとしてオフィスビル事業においては，生産性向上や優秀な人材の獲得など，オフィステナントの経営課題の解決に資することを目的として，シェアオフィスサービス「ワークスタイリング」や健康経営支援サービス「＆well」といったサービス等を展開し，オフィスビル事業の競争力を向上させてまいります。

　住宅事業においては，元気な高齢者の方々に，より自分らしい豊かなくらしを実現していただくための新しいすまいのカタチである「シニアレジデンス事業」の推進，あるいは，環境負荷がより少ない木造大規模施設の受注拡大など，顧客ニーズの多様化や社会的要請に応じた新しい商品やサービスを展開しています。

　こうした街づくりの一つ一つが，少子化・高齢化，環境問題，くらしの安全・安心，新産業創造など，社会が直面する幅広い課題の解決に寄与するものであり，「社会的な価値の創出」ひいては当社グループの「企業価値の向上」へと繋がっていくものと考えております。

b．テクノロジーを活用し，不動産業そのものをイノベーション

　テクノロジーの進化によって様々な領域でイノベーションの創出やビジネスモデルの転換が進展するなか，デジタル技術の活用促進とリアルな空間の価値向上に同時に取り組んでまいります。既存の商品やサービスへのICTの活用，不動産とICTの融合による新たなビジネスの創出，リアルな空間でのデータの蓄積・活用など，リアルエステートテック活用によるビジネスモデルの革新を行うとともに，デジタル技術では生み出すことができない，人との出会い・ふれあいなどのリアルな空間の価値を高めることで，事業の競争力を一層高めてまいります。

　例えば，商業施設事業では，リアル店舗における買い物とネットショッピングの双方の良さを同時に享受できる，リアル店舗共生型ECモール「＆mall」の展開を通じて，リアル店舗とECモールが相乗効果で売上を拡大できるオムニチャネ

ル・プラットフォームを構築しています。

　また，ロジスティクス事業では，人手不足等が深刻な課題となっている物流業界において，フルオートメーション物流モデルを展示する物流ICT体験型ショールーム「MFLP ICT LABO」を活用し，倉庫内物流の自動化・省人化ソリューションを提供するとともに，入居企業の課題解決支援に取り組んでいます。

　さらに，ベンチャー共創事業では，コーポレートベンチャーキャピタルファンドを設立し，ベンチャー企業の積極的なサポートと日本のベンチャーエコシステムの発展に寄与していくとともに，出資先のベンチャー企業から得られた最新の技術やサービスを，当社グループの本業強化や事業領域拡大につなげてまいります。

c．グローバルカンパニーへの進化

　海外事業について，これまでの海外事業経験を通じて確認できた当社グループの強みと，海外パートナー企業の経験やノウハウを掛け合わせながら，海外事業の飛躍的な成長を実現してまいります。

　例えば，幅広いアセットクラスを手掛け，投資・開発・運営・リーシング／販売まであらゆる機能を備えているという当社グループの総合力は，海外において希少であり，大きな強みとなります。また，近年，海外においても複合型開発のニーズが高まっており，当社が国内事業において長年にわたり培ってきた複合開発のノウハウは海外でも強みとなります。こうした強みを海外のパートナーや顧客にしっかりと訴求し，優良な事業機会の獲得に努めてまいります。

　また，不動産業はドメスティックな性格が強い産業であるため，用地情報の収集から，許認可の折衝，販売戦略に至るまで，現地のコミュニティに参画していくことが重要となります。現地の優良なパートナー企業と連携して事業に取り組むとともに，事業のローカル化を推進することで，着実に事業を推進させてまいります。

②　人材戦略，組織・制度・ガバナンス，アセット・財務戦略

　長期経営方針「VISION 2025」において，当社グループが目指す3つのビジョンを着実に実行するためには，人材戦略，組織・制度・ガバナンス，アセット・財務戦略など，その取り組みを支えるインフラを強化していく必要があります。

人材戦略では，目まぐるしく変化する社会のニーズに対応し，新たな価値を創造していくために，女性の活躍推進やグローバル人材・DX人材の採用・育成など，ダイバーシティを一層推進するとともに，働き方改革にも継続的に取り組むことで，多様な人材が活躍できる社会の実現を目指してまいります。

　組織・制度・ガバナンスでは，当社グループの各社が，個社の利益ではなく，グループの利益が最大化するような取り組みを行っていく必要があり，そのため，グループ社員の意識や制度のあり方を変えていきます。また，新しいイノベーションを生み出す文化の醸成や制度創設にも改めて取り組んでいきます。さらに，事業領域が国内，海外を問わず今後も拡大を続けるなかで，企業活動におけるリスクマネジメントは非常に重要な課題と認識しており，当社およびグループ会社における内部管理態勢の強化など，引き続きコーポレート・ガバナンスを充実させ，企業価値の向上に一層努めてまいります。

　アセット・財務戦略では，金融環境の変化に特に留意しながら，今後も厳選投資を継続してまいります。保有・開発・マネジメントのバランスの適切なコントロール，資産ポートフォリオの最適化に加えて，資産に応じた調達手法の最適化を図ることによって，財務の健全性を確保しながら持続的な利益成長を実現していきます。

③　持続可能な社会の実現に向けて

　当社グループは，「持続可能な社会」と「継続的な利益成長」を実現するため，E（環境）・S（社会）・G（ガバナンス）を重要な経営課題と位置づけ，グループ長期経営方針「VISION 2025」において，重点的に取り組むべき以下の6つの目標を掲げました。

・街づくりを通した超スマート社会の実現
・多様な人材が活躍できる社会の実現
・健やか・安全・安心なくらしの実現
・オープンイノベーションによる新産業の創造
・環境負荷の低減とエネルギーの創出
・コンプライアンス・ガバナンスの継続的な向上

　かかる目標の達成に向け，例えば，「日本橋再生計画」においては，「日本橋室

町三井タワー」内に，エネルギープラントを構築し，日本で初めて，既存ビルを含む周辺地域にも電気と熱を供給する「日本橋スマートエネルギープロジェクト」を開始し，災害に対して強靭で，環境性能の高いサステナブルな街づくりを推進しております。また，環境改善効果のある事業に充当する資金を調達するため，グリーンボンドの発行を行っております。

　また，「三井不動産9BOX感染対策基準」等を通じ，引き続きパンデミックに強い安心・安全な施設運営を行ってまいります。中長期的な視野に立ち，様々なステークホルダーとの一層堅固で良好な関係の構築を目指すと共に，当社グループがこれまで以上に社会から必要とされる企業となれるよう努めてまいります。

　今後も当社グループは，「＆マーク」の理念のもと，ESG課題の解決に取り組むことで街づくりを一層進化させ，地域に根差したコミュニティの創出，良質なタウンマネジメントの推進を行うとともに，新技術を積極的に活用し，超スマート社会の「場」であるスマートシティを実現するよう努め，「持続可能な社会」と「継続的な利益成長」の実現を目指してまいります。

(3)　経営上の目標の達成状況を判断するための客観的な指標等 ･･･････････････

　当社グループは，グループ長期経営方針「VISION 2025」において，2025年度前後に向けて，連結営業利益は　3,500億円程度，うち海外事業利益（※）は30％程度，ROAは5％程度となることを将来の見通しとしています。

※　海外事業利益＝海外営業利益＋海外持分法換算営業利益（海外所在持分法適用会社について，各社の営業利益または営業利益相当額（当期純利益から税負担分を考慮して簡便的に算出した利益）に当社持分割合を乗じて算出した金額と海外所在持分法適用会社に係る関係会社株式売却益（不動産分譲を目的とした事業に係るものに限る）の合計額）

　なお，グループ長期経営方針のもと，2023年3月期の通期業績予想は，売上高は2兆2,000億円，営業利益は3,000億円，経常利益は2,600億円，親会社株主に帰属する当期純利益は1,900億円としておりました。セグメント別には，以下のとおりの業績見通しとしておりました。

---

point　生産及び販売の状況

生産高よりも販売高の金額の方が大きい場合は，作った分よりも売れていることを意味するので，景気が良い，あるいは会社のビジネスがうまくいっていると言えるケースが多い。逆に販売額の方が小さい場合は製品が売れなく，在庫が増えて景気が悪くなっていると言える場合がある。

	売上高	営業利益
賃貸	720,000	152,000
分譲	650,000	145,000
マネジメント	420,000	62,000
その他	410,000	△7,000
消去又は全社	—	△52,000
合計	2,200,000	300,000

(注)2022年11月9日公表時の通期業績予想となります。

　また，当社グループの経営資源の配分・投入につきましては，有形・無形固定資産について，設備投資4,000億円，減価償却費1,200億円，販売用不動産について，新規投資5,000億円，原価回収4,800億円を見込んでいました。

　これらの達成状況については，後記「4　経営者による財政状態，経営成績及びキャッシュ・フローの状況の分析／(2)経営者の視点による経営成績等の状況に関する分析・検討内容／c. 経営方針，経営戦略，経営上の目標の達成状況を判断するための客観的な指標等」をご参照ください。

2　サステナビリティに関する考え方及び取組

　文中の将来に関する事項は，当連結会計年度末現在において当社グループが判断したものであります。

(1)　ガバナンス

・サステナビリティ推進体制

　当社は，サステナビリティ課題への取り組みを推進するため，「ESG推進委員会」（委員長：社長執行役員）および下部組織である「ESG推進部会」（部会長：サステナビリティ推進本部長）を設置しています。ESG推進委員会では，サステナビリティ課題における理念整理および方針策定，各部門における活動の目的・目標・計画の調整，進捗状況の監督・評価の機能を担っています。取り組みの推進にあたっては，ESG推進部会において部門別の年度目標を設定し，進捗管理等を行っています。なお，気候変動をはじめとするリスクについては，国や地方公共団体，一般社団法人日本経済団体連合会，一般社団法人不動産協会などの多様なチャネルから国内外の動向・要請等の情報収集を行い，専門

(point) **対処すべき課題**

　有報のなかで最も重要であり注目すべき項目。今，事業のなかで何かしら問題があればそれに対してどんな対策があるのか，上手くいっている部分をどう伸ばしていくのかなどの重要なヒントを得ることができる。また今後の成長に向けた技術開発の方向性や，新規事業の戦略についての理解を深めることができる。

性の高いESG推進部会でリスクの特定を行い，ESG推進委員会でその影響を評価しています。また，重要なリスクについては，業務委員会およびリスクマネジメント委員会にて当社事業への影響や，本業を通じた課題解決について対応検討を行うこととしています。

　このような取り組みについては，定期的に取締役会に報告され，目標および進捗状況のモニタリングが実施されるほか，必要に応じて都度取締役会における検討を行っています。また，経営層の報酬を決定する項目として，サステナビリティ課題に関する取り組みの状況が加味されています。

当社グループのサステナビリティ推進組織体制　　　　　　（2023年4月1日現在）

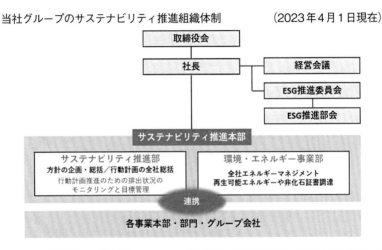

※三井ホーム株式会社，三井不動産ファシリティーズ株式会社，三井不動産商業マネジメント株式会社，株式会社三井不動産ホテルマネジメント，東京ミッドタウンマネジメント株式会社では，グループ環境方針のもと，独自の環境方針を定めて環境活動を推進しています。また，個社独自の社会・環境報告も行っています。

(2)　戦略

　三井不動産グループでは，グループのロゴマークである「＆マーク」に象徴される「共生・共存」「多様な価値観の連繋」「持続可能な社会の実現」の理念のもと，グループビジョンに「＆ EARTH」を掲げ，社会・経済の発展と地球環境の保全に

---

point　**事業等のリスク**

　「対処すべき課題」の次に重要な項目。新規参入により長期的に価格競争が激しくなり企業の体力が奪われるようなことがあるため，その事業がどの程度参入障壁が高く安定したビジネスなのかなど考えるきっかけになる。また，規制や法律，訴訟なども企業によっては大きな問題になる可能性があるため，注意深く読む必要がある。

貢献しています。「& EARTH」は，三井不動産グループの街づくりが常に地球とともにあることを認識し，人と地球がともに豊かになる社会をめざしていることを表しています。長期経営方針「VISION2025」では，「&マーク」の理念のもと，ESG課題に取り組み「持続可能な社会」と「継続的な利益成長」を実現することを目標としています。当社グループが目指していくあり姿の第一に「街づくりを通して，持続可能な社会の構築を実現」していくことを位置付け，以下の6つを重点的に取り組む目標「マテリアリティ」と定めています。これは，当社グループのサステナビリティ経営をさらに加速させていこうという意思の表れです。

1. 環境負荷の低減とエネルギーの創出
2. オープンイノベーションによる新産業の創造
3. 街づくりを通した超スマート社会の実現
4. 健やか・安全・安心なくらしの実現
5. 多様な人材が活躍できる社会の実現
6. コンプライアンス・ガバナンスの継続的な向上

・環境

　気候変動への対応は，社会基盤の構築・発展を担う当社グループの社会的責務であり，脱炭素に向けた取り組みを当社グループの最重要課題と位置付けています。当社は企業等に対して気候変動リスクと機会に関する情報開示を推奨する気候関連財務情報開示タスクフォースである「TCFD」の提言に賛同し，それに基づく情報開示をしております。また，事業活動で消費する電力を100％再生可能エネルギーで調達することを目標とする国際的なイニシアティブ「RE100」に加盟し，取り組みを推進しています。2021年11月には，温室効果ガス削減目標を，2030年度までに40％削減（2019年度比），2050年までにネットゼロとする新たな目標を設定し，国際的枠組みである「パリ協定」達成のために科学的根拠に基づいた削減目標を設定することを推奨する「SBT（Science Based Target）イニシアティブ」より，世界の平均気温上昇を産業革命前と比べて1.5℃未満に抑えるという「1.5℃」目標としての認定を取得しました。また単に目標を掲げるだけでなく，不動産業界のリーダーとして求められるアクションプランとして「脱炭素社会実現に向けたグループ行動計画」

（point）**財政状態，経営成績及びキャッシュ・フローの状況の分析**

　「事業等の概要」の内容などをこの項目で詳しく説明している場合があるため，この項目も非常に重要。自社が事業を行っている市場は今後も成長するのか，それは世界のどの地域なのか，今社会の流れはどうなっていて，それに対して売上を伸ばすために何をしているのか，収益を左右する費用はなにか，などとても有益な情報が多い。

を策定しました。

　行動計画では，保有・運用物件の環境性能の向上や共用部の電力グリーン化だけでなく再生可能エネルギーの安定確保に向けた施策や，入居企業の要望に応じて専有部にグリーン電力を供給するサービスなどを行っております。これは，お客様の脱炭素に向けた取り組みにお応えするとともに，当社事業の差別化を実現する取り組みであり，まさに"脱炭素の実現"という社会的価値と"企業の競争優位性の確保"という経済的価値を結び付けた事業展開と言えます。また2022年3月には，学識経験者，設計者と協働し，「建設時GHG排出量算出マニュアル」を策定しました。将来的には学会・業界団体・同業他社（不動産会社・設計事務所）・施工会社・建築資機材メーカーなど関係者へ幅広く共有して，業界全体に貢献する取り組みを推進していきます。

　また，気候変動の課題のみならず，生物多様性や水環境の保全，環境汚染の防止および省資源・廃棄物削減といった環境に関する諸課題に対しても，オフィス・商業・住宅などあらゆる事業領域で積極的に対応しています。

・人的資本

　＆マークに込められた思いの一つである「多様な価値観の連繋」，すなわち，近年，企業経営における多様性確保のために重要視されている「ダイバーシティ＆インクルージョン」についても気候変動への対応と同様に当社グループの最重要課題と位置付けています。不動産デベロッパーとして新しい価値を創造し続けるための原動力は人材という資産であると考えており，2021年11月，ダイバーシティ＆インクルージョン推進宣言および取組方針を策定し，特に女性活躍推進を重要テーマと位置付け，グループとして定量目標および定性的な活動計画を定めました。人種・国籍・宗教・性別・年齢・障がいの有無・性自認・性的指向などに関わらず多様な人材が公正に評価され，従業者一人ひとりがお互いを認め合い，個々の能力を最大限発揮できる職場環境にするために，働き方改革の推進や人事制度の充実等により，組織の生産性向上や従業者のワークライフバランスの支援に努めています。

　人材育成については，「個々人がプロフェッショナルな知識・能力を磨き，付加価値創造力を高める」，「多様な価値観・能力が融合し，チームとしての推

進力に換えていく」という２点を実現させるために「社員一人ひとりと向き合い，その活躍の舞台を整える」ことを人材マネジメントの考え方としております。OJT，キャリアビジョンヒアリング，ジョブローテーション，研修プログラムの４つの人材育成の機会を組み合わせて，能力伸長を図ることを基本方針としたうえで，特に，ジョブローテーションや研修プログラムにより，多様で幅広い知識・能力を向上させていくことで，常に変化し続ける環境に適応できる人材の育成を図っています。

・社会－サプライチェーンの人権

　当社グループが街づくりを通して人々にビジネスライフやくらしを提供していくうえでは，一人ひとりの人権を尊重することが何より大切です。国連が提唱する「ビジネスと人権に関する指導原則」や「労働における基本的原則および権利に関するILO（国際労働機関）宣言」で定められた基本的権利を支持・尊重することはもとより，人権に配慮した事業の推進を徹底してまいります。2021年度は当社事業に関連するサプライチェーンの代表ともいえる建設会社6社にアンケートを実施したほか，2022年5月よりJP-MIRAIが開始した「外国人労働者相談・救済パイロット事業」に参画するなど，サプライチェーンマネジメントおよび人権デューデリジェンスに関する取り組みを強化しています。

（3）　リスク管理 ………………………………………………………………

・リスクマネジメント体制

　「経営会議」が当社グループのリスクマネジメント全体を統括し，そのもとで「業務委員会」が事業リスクを，「リスクマネジメント委員会」が業務リスクを，それぞれマネジメントしています。法務・コンプライアンス管掌役員である取締役が，リスクマネジメント委員会に所属しており，また経営企画管掌役員である取締役が，業務委員会に所属しており，それぞれの取締役が定期的に取締役会および社長にリスク管理について報告しています。

・気候関連課題への対処

　当社では，規制・法制度，技術，市場動向等について，原則年1回，大きな改正時はその都度，計画策定時に特定したリスクに大きな変化がないか，対

処すべき短期的なリスクがないか検証しています。例えば既存の規制に関し、「都民の健康と安全を確保する環境に関する条例（東京都環境確保条例）」の規制対象温室効果ガスの拡大や、規制水準の引き上げについて重要度の高いリスクとして識別しています。また、「建築物省エネ法」については、2021年4月より床面積300m^{2}以上の中規模を含む建築を対象に、省エネ基準への適合が義務化されました。また、事業活動全体の気候変動に対する影響度合いを鑑み、運営時におけるCO_2排出量を優先課題として認識しています。その中でも電気に由来する排出量の割合が最も大きいことから、RE100に加盟する等取り組みを進めています。

・大規模自然災害への対処

　当社グループは、災害に強い街づくりを推進するとともに、当社グループが運営する施設の従業員やテナント、お客様の安全・安心を守るために、防災訓練や救急救護講習など、事業継続計画（BCP）に関する取り組みを推進しています。原則毎年3回、想定を変えた大規模地震に対するグループ総合防災訓練を実施し、様々な状況において円滑な対応が出来るように、訓練を行っております。

・業務委員会

　事業リスク（主として事業推進・利益獲得のために取るリスク）を管理することを目的として、「業務委員会」を設置し、経営計画および特定の経営課題の審議ならびに遂行管理等を行っています。

・リスクマネジメント委員会

　業務リスク（業務遂行上のオペレーショナルリスク）を管理することを目的として、「リスクマネジメント委員会」を設置し、リスクマネジメント方針・計画の策定およびリスク課題の把握・評価、対応策の策定ならびに指示などをしています。

　「リスクマネジメント委員会」では、業務リスクを統括的にマネジメントするとともにPDCAサイクルを確立し、クライシス対応や予防的リスク管理をより的確に実施できる体制としています。コンプライアンス違反と判断された場合は、リスクマネジメント委員会が調査と対処を指示し、モニタリングを行います。

(point) **設備投資等の概要**

　セグメントごとの設備投資額を公開している。多くの企業にとって設備投資は競争力向上・維持のために必要不可欠だ。企業は売上の数％など一定の水準を設定して毎年設備への投資を行う。半導体などのテクノロジー関連企業は装置産業であり、技術発展のスピードが速いため、常に多額の設備投資を行う宿命にある。

・内部相談窓口の設置

　当社は，内部相談窓口を設置しています。当社正社員および個別労働契約(契約社員)・出向協定・労働者派遣契約・アルバイト契約等に基づき当社業務に従事する者であれば利用できます。社内・社外の2か所設置しており，いずれの窓口に相談することも可能です。社外窓口は弁護士事務所に設置していますが，中立的な立場で相談を受理し，会社に対して相談内容を連絡し対応を促すものです。

　相談対象は法令・社内規程・一般的社会規範および企業倫理に反する不正等，セクハラ・パワハラ等のハラスメント，雇用問題，職場環境の課題等です。相談者のプライバシーは保護され，相談行為を理由とした報復行為および人事処遇上の不利益な取扱い等を受けることはありません。また，実名でも匿名でも相談可能です。

(4)　指標及び目標

・環境(連結　注1)

グループ全体KPI			CO_2排出量実績
評価指標	達成時期	数値目標	2021年度　注3
CO_2排出削減比率 ＜2019年度比＞ 注2	2030年度 2050年度	：▲40% ：実質ゼロ	4,199

(注) 1. 2021年度からは三井不動産(株)および連結子会社のうち，建物保有会社もしくは従業員100人以上の会社ならびにCO2排出量が大きい会社(2021年度は三井不動産TGスマートエナジー(株)のみ)が対象。

　　 2. 単位は「千t-CO2」

　　 3. Scope1,2,3の合計です。詳細については，当社ESGレポート2023をご参照ください。

(point) **主要な設備の状況**

　「設備投資等の概要」では各セグメントの1年間の設備投資金額のみの掲載だが，ここではより詳細に，現在セグメント別，または各子会社が保有している土地，建物，機械装置の金額が合計でどれくらいなのか知ることができる。

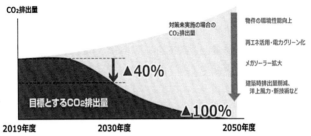

・人的資本

① 三井不動産（株）（単体）

評価指標	KPI		実績
	達成時期	数値目標	2022年度
従業者エンゲージメント 注1	毎年	80%	92%
一人当たり研修時間 注2	毎年	前年度実績水準	28.2時間
一人当たり研修投資額 注3	毎年	前年度実績水準	13.1万円
女性管理職比率　注4	2025年 2030年	: 10% : 20%	7.7%
女性採用比率	毎年	40%	44.1%
育児休業復帰率	毎年	100%	100%
男性育児休業等取得率 注5・6	毎年	100%	122.9%
有給休暇取得日数	毎年	年間14日	16.2日
障がい者雇用率　注7	毎年	2.3%以上	2.52%
健康診断/ 人間ドック受診率	毎年	100%	100%

(注) 1. 「当社で働いていることを誇りに思う」に5段階で上位2つに回答した割合

　　 2. 2022年度研修時間を正社員数で除した数字

　　 3. 2022年度研修金額を正社員数で除した数字

　　 4. 2023年4月1日の数字

　　 5. 分母は該当年度に配偶者が出産した男性社員の数，分子は該当年度に出生時育児休業・育児休業・育児を目的とした休暇制度による休暇のいずれかを取得した男性社員の数。

　　 6. 配偶者が出産した年度と，育児休業等を取得した年度が異なる男性労働者がいる場合，100％を超えることがあります。

　　 7. 2022年6月1日の数字

② 女性活躍におけるモデル会社

サンライフ・クリエイション（株）

	KPI		実績
評価指標	達成時期	数値目標	2022年度
女性管理職比率　注1	–	–	62.5%
女性採用比率	–	–	91.7%
育児休業復帰率	毎年	100%	100%
有給休暇取得率	毎年	取得率70%	79.1%

三井不動産商業マネジメント（株）

	KPI		実績
評価指標	達成時期	数値目標	2022年度
女性管理職比率　注1	2025年 2030年	：20% ：25%	17.6%
女性採用比率	–	–	46.5%
育児休業復帰率	毎年	100%	100%
有給休暇取得率	毎年	取得率80%	83.5%

（株）三井不動産ホテルマネジメント

	KPI		実績
評価指標	達成時期	数値目標	2022年度
女性管理職比率　注1	2025年 2030年	：15% ：20%	17.7%
女性採用比率	–	–	81.6%
育児休業復帰率	毎年	100%	92.3%
有給休暇取得率	毎年	取得率70%	77.0%

（注）1. 2023年4月1日の数字
　　　2. 当社は国内外多数のグループ会社が存在しているため，①三井不動産（単体）と②女性活躍におけるモデル会社について開示しています。

3　事業等のリスク

　当社グループの財政状態，経営成績およびキャッシュ・フローの状況等に関する事項のうち，投資者の判断に重要な影響を及ぼす可能性がある事項には，以下のようなものがあります。なお，文中の将来に関する事項は，当連結会計年度末現在において当社グループが判断したものであります。

（1） 当社グループの事業リスク

リスク名称	リスク内容	対策
①事業環境の変化によるリスク	景気変動、国内外の経済状況の変化、金利上昇、為替変動、物価変動、少子高齢化および人口減少等は、不動産需要の低下、市況の悪化による地価等の下落、個人消費の低迷等をもたらす可能性があります。 また、DXの進展、全世界的な気候変動への意識の高まり、地政学的リスクの顕在化や新型コロナウイルス感染症等によって、人々の生活様式や働き方、企業ニーズ、消費者ニーズおよび個人消費動向、産業構造等に変化が生じています。 こうした事業環境の変化に伴い、オフィスや商業施設等の賃貸用不動産の稼働率の低下や賃料の減少、分譲住宅用等の販売用不動産の売上の減少の他、その対応のための費用の増加が生じ、当社グループの事業、財政状態および経営成績等は悪影響を受ける可能性があります。	当社グループは、事業環境や顧客ニーズの変化等を見極めながら、グループ会社の連携強化、顧客ニーズを先取りした商品開発、街づくりの一層の強化、新たなビジネスインフラの顧客への提供、DXの推進、人口動態や供給動向を見据えた立地戦略、海外を含めた資産ポートフォリオの戦略的構築等を進めてまいります。
②市場金利に関するリスク	当社グループは、事業の運営・発展のため、金融機関等から短期および長期の有利子負債を調達しています。新規の資金調達が必要となる場合、市場金利の上昇局面においては資金調達コストが増加する可能性があります。 また、市場金利の上昇は、住宅購入者の購買意欲の減退や、投資家の要求する不動産の期待利回りの上昇をもたらすことで、当社グループの分譲収益の減少や所有資産の価値の下落につながるおそれがあり、当社グループの事業、財政状態および経営成績等は悪影響を受ける可能性があります。	当社グループでは、かねてより大半の必要資金を長期かつ固定金利を中心に調達しており、既存の有利子負債については市場金利の上昇の影響を比較的受けにくい状況にあります。 また、今後の国内外の金利動向による、住宅ローン金利の動向や不動産取引市場におけるキャップレートの変動には、引き続き注視するとともに、今後もバランスシートの適正なコントロールを通じて、金利上昇リスクの軽減に努めてまいります。
③為替変動に関するリスク	為替の大幅な変動は、輸入価格の変動を通じ、建築コストやエネルギーコスト等に影響を与え、当社グループの個別事業におけるコストの変動要因となる可能性があります。 また、為替の変動が、テナント企業の業績に影響を与えることを通じて、当社グループの賃貸収入等に影響を及ぼすおそれがあります。 加えて、当社グループは、国外で事業展開を進めており、為替の変動は、海外事業における資金調達時のコストや、当社連結決算上の海外事業損益の取り込み額、資産・負債の計上額の変動要因となります。 これらにより、当社グループの事業、財政状態および経営成績等に影響を与える可能性があります。	当社グループは、為替の変動を含む、各種原価の価格変動の要因・動向を注視し、個別事業において適切な対策を講じることを通じ、各種原価のコントロールに努めています。 また、当社グループの賃貸事業では、商品の競争力維持に努めるとともに、テナントリーシングの強化・推進に取り組むことで、事業環境変化に伴う賃貸収入の減少等の影響を抑えています。 海外事業においては、原則、現地通貨建てでの資金調達を実施することや、国内外のエリアにおける適度なポートフォリオ分散により、為替変動に伴うリスクを抑えるよう努めています。

④気候変動リスク	大規模な気候変動または気候変動リスクを考慮した企業ニーズや消費動向の変化により、国内外の経済環境や社会環境の変化が発生した場合、不動産需要の低下、地価等の下落、個人消費の低迷等が起こる可能性があり、その結果、当社グループの事業、財政状態および経営成績等は悪影響を受ける可能性があります。	当社グループは、気候変動への対応を重要な経営課題と位置づけ、「脱炭素社会実現に向けたグループ行動計画」を策定するとともに、気候変動の予測および変化の対応に努めてまいります。
⑤地政学的リスク	当社グループは、国内外において事業を展開しています。国・特定エリアが抱える政治的、軍事的、社会的な緊張の高まりが顕在化し、国・特定エリア間における関係の悪化、政治体制の混乱、経済環境の変動等が生じた場合、当該国・エリアで展開する当社グループの事業に対して直接的に影響を及ぼすおそれがあります。国際的なサプライチェーンの混乱等による燃料・原材料価格高騰や、その他事業環境の変化が生じることにより、当社グループの事業に対して影響を及ぼすおそれがあります。 これらの影響により、当社グループの事業、財政状態および経営成績等は悪影響を受ける可能性があります。	当社グループは、エリアおよび商品における適度なポートフォリオ分散を図っています。また、個別事業においても、一定のリスクを織り込んでの投資判断および事業推進を行っております。
⑥感染症リスク	新型コロナウイルス感染症の感染拡大は、商業施設、ホテル等の当社事業活動に多大な影響を与え、当社グループの事業、経営成績に一時的に大きな悪影響を及ぼしました。 さらに、新型コロナウイルス感染症の感染拡大によって人々の生活様式や働き方に変化が生じ、シェアリングオフィスの需要増加、EC市場の拡大に代表されるような顧客ニーズの変化が生じています。そういった変化に伴って、賃貸不動産の稼働率の低下や賃料の減少、販売用不動産の売上の減少の他、経済環境の変化や、その対応のための費用の増加が生じ、当社グループの事業、財政状態および経営成績等は悪影響を受ける可能性があります。 また、新型コロナウイルス感染症とは異なる新たな感染症が発生し流行する可能性もあり、当該新たな感染症の性質や感染症の発生・拡大に起因した国内外の事業環境の変化等によっては、当社グループの事業、財政状態および経営成績等は新型コロナウイルス感染症と同等またはそれ以上の悪影響を受ける可能性があります。	当社グループにおいては、「三井不動産9BOX感染対策基準」を策定し、新型コロナウイルス感染症の被害を軽減または防止するための措置を講じることで、ウイルスの特性に合わせた感染対策を行いながら施設営業の正常化を図りました。 さらに、当社グループは、新型コロナウイルス感染症の感染拡大を経たことによる顧客ニーズや事業環境の変化等を見極めながら、グループ会社の連携強化、ニーズを先取りした商品開発、街づくりの一層の強化、新たなビジネスインフラの顧客への提供、DXの推進等を進めることで競争力を維持・強化してまいります。 また、新型コロナウイルス感染症とは異なる新たな感染症が発生し流行した場合にも、人命保護を最優先としつつ当社グループの事業活動とのバランスを図り対応してまいります。

⑦不動産事業における競合リスク	当社グループが推進する不動産事業は、総じて競争的な環境にあります。 　例えば、開発用地の取得においては、適した立地を巡り他社と競合することがあります。また、オフィス、商業施設等の賃貸事業におけるテナント誘致や、住宅分譲事業における顧客獲得、ホテル・リゾート事業における労働者の確保等の様々な面で他社と競合する可能性があります。さらに、DXの進展に代表される技術革新や、価値観の変化が既存のビジネスモデルを破壊する、いわゆる破壊的イノベーションは、競争環境に多大な影響を与える可能性があります。これらの要因が、費用の増加や収益の減少につながり、その結果、当社グループの事業、財政状態および経営成績等は悪影響を受ける可能性があります。	当社グループは、グループ会社の連携強化、顧客ニーズを先取りした商品開発、街づくりの一層の強化、新たなビジネスインフラの顧客への提供、DXの推進、既存施設の価値向上、既存事業を通じた顧客とのネットワークや建替・コンバージョン等グループ力を活かした事業機会の獲得等を通じて、競争力を維持・強化してまいります。
⑧賃貸収入に関するリスク	当社グループの賃貸事業においては、テナントが賃貸借契約を中途解約した場合や賃貸期間満了時に賃貸借契約を更新しない場合および、テナントの賃料を減免せざるを得ない場合には、収入が減少するおそれがあります。 　また、テナントが倒産した場合、賃料の支払遅延や回収不能が発生するだけでなく、当該テナントの退去が遅延した場合、後継のテナントリーシングや当該物件の売却活動にも不利な影響が及ぶ可能性があります。これらの結果、当社グループの事業、財政状態および経営成績等は悪影響を受ける可能性があります。	当社グループは、グループ会社の連携強化、顧客ニーズを先取りした商品開発、街づくりの一層の強化、新たなビジネスインフラの顧客への提供、DXの推進、既存施設の価値向上等を通じて、競争力を維持すると共に、テナントリーシングの強化・推進に取り組んでいます。
⑨資産価値変動リスク	当社グループは、不動産事業に関連する資産を多く保有しております。 　当該資産については、市場金利の上昇等により、住宅購入者の購買意欲の減退および投資家の要求する不動産の投資期待利回りの上昇が生じた結果、売却による利益の減少や損失の発生に繋がる可能性があります。加えて、当該所有資産について、減損損失や評価損の認識等を行う可能性があります。 　また、当社グループは、投資有価証券を保有しており、当該有価証券の資産価値が低下した結果、売却による利益の減少、損失の発生等に繋がる可能性があります。加えて、当該有価証券について、評価損の認識等の可能性があります。かかる資産価値の変動により、当社グループの事業、財政状態および経営成績等は悪影響を受ける可能性があります。	当社グループは、バランスシートの適正なコントロールや、最適なポートフォリオの構築を通じて、リスク耐性のある事業基盤の構築を目指しております。 　また、マーケットにおける資産価値変動の要因・動向を注視するとともに、商品企画やサービスの向上等を通じた市場競争力の強化により、資産価値変動リスクの軽減に努めています。
⑩原価変動リスク	当社グループが推進する事業は、建築工事費、エネルギーコスト、人件費等、様々な原価の価格変動にさらされています。 　当社グループの個別事業において、各種原価の上昇分を必ずしも顧客への販売価格や賃料等に反映することができず、収益性に悪影響を与えるおそれがあります。 　その結果、当社グループの事業、財政状態および経営成績等は悪影響を受ける可能性があります。	当社グループは、マーケットにおける各種原価の価格変動の要因・動向を注視し、個別事業において適切な対策を講じることを通じ、各種原価のコントロールに努めています。

(point) 設備の新設，除却等の計画

　ここでは今後，会社がどの程度の設備投資を計画しているか知ることができる。毎期どれくらいの設備投資を行っているか確認すると，技術等での競争力維持に積極的な姿勢かどうか，どのセグメントを重要視しているか分かる。また景気が悪化したときは設備投資額を減らす傾向にある。

⑪資金調達リスク	当社グループは、金融機関等からの借入金、コマーシャル・ペーパーおよび社債の発行等により、事業に必要な資金を調達しています。市場利率の上昇や、金融市場の混乱、当社格付の引下げ、または金融機関や機関投資家等の融資および投資方針の変更等により、当社グループの資金調達への制約、あるいは資金調達コストの増大のおそれがあり、当社グループの事業、財政状態および経営成績等は悪影響を受ける可能性があります。	当社グループは、かねてよりD/Eレシオ管理による健全な財務体質を維持するとともに、調達先・調達手段の多様化や、コミットメントライン等の活用により十分な流動性を確保し、安定資金の確保に努めております。
⑫不動産開発リスク	当社グループの不動産開発事業においては、用地取得、開発、建設等の各段階において多額の投資を行っており、投資回収までには一定の年月を要します。不動産開発事業に要する期間および投資額は、不動産需要の変化、天候、自然災害、事故、不祥事、請負業者の倒産、政府の規制または政策の変更、市場環境の変化、規制当局からの許認可の取得の遅延、埋設物または土壌汚染の発見、地域住民による反対、その他予期し得ない問題等、当社グループではコントロールできない多くの要因により、コストの増加、開発スケジュールの遅延等の影響を受ける場合があります。 これらにより、当社グループの事業、財政状態、経営成績等および当社グループの市場での評価は悪影響を受ける可能性があります。	当社グループは、個別事業において、一定のリスクを織り込んでの投資判断のうえ、事業推進および施工管理を行っています。 また、当社事業に特に大きな影響を及ぼす問題が発生した場合は、速やかに経営に報告し、適切に対応するガバナンス体制を構築しています。
⑬海外事業に伴うリスク	当社グループは、日本国内だけではなく、米国、英国およびアジアを中心に国外でも事業展開を進めています。 海外事業においては、各国・地域の法令や許認可の遵守、多様な国籍、言語、文化を踏まえた人員配置や労務管理等が必要となります。加えて、法規制や税制の変更、金利水準の上昇、インフレや為替水準の変動、内乱または紛争、テロ事件、疫病の流行、国際関係の悪化等による政治的または経済的不安定等の世界的または各国の事業環境の変化や、当社グループに対する訴訟、当社グループのコントロールの及ばない様々なリスク要因の影響を受けるおそれがあります。 また、当社グループは、現地企業との提携を通じて海外事業を推進することが多く、当該提携先の財務状態や提携関係等により、現地での事業展開に影響を受けるおそれがあります。 これら様々なリスク要因により、当社グループの事業、財政状態および経営成績等は悪影響を受ける可能性があります。	当社グループは、海外での事業展開において必要な情報収集や、現地の市場や法規制等に精通した現地企業を提携先として選定するように努めています。 また、海外事業共通のガバナンス指針として、「グローバル・ガバナンス・ガイドライン」を定めており、現地法人・本社海外事業本部・本社スタッフ部門の3つの階層により適切なリスク管理を実施しています。

(point) **株式の総数等**

発行可能株式総数とは，会社が発行することができる株式の総数のことを指す。役員会では，株主総会の了承を得ないで，必要に応じてその株数まで，株を発行することができる。敵対的TOBでは，経営陣が，自社をサポートしてくれる側に，新株を第三者割り当てで発行して，買収を防止することがある。

⑭物件ポートフォリオの立地に関するリスク	地震、台風、大雨、洪水、津波、噴火等の自然災害や、火災、事故、暴動、テロ、ミサイル攻撃等の人為的な災害が発生した場合、従業員が被災し業務に支障をきたすおそれがあるだけでなく、当社グループの資産が保険では担保しきれない重大な被害を受けるおそれがあります。 　これらの被害を軽減または防止するために様々な事業継続計画（BCP）を講じていますが、想定外の災害等が発生した場合には、当社グループの事業、財政状態および経営成績等は悪影響を受ける可能性があります。	当社は、オフィスビル、商業施設、ホテル・リゾート、ロジスティクスなどの商品を国内各エリアで展開しており、さらに、海外での事業展開も進めるなど、ポートフォリオのエリア分散に取り組んでおります。 　また、建物の耐久性向上や、被災度判定システムの導入や非常用発電機の72時間稼働化、コジェネレーションシステムを活用した特定事業等のBCP対策を推進しています。 　今後もリスク耐性のある事業基盤の構築に努めてまいります。
⑮法令・政策の変更に関するリスク	当社グループは、新たな法令、規制の制定や、既存の法制の変更により、これらに即して当社グループにおける事業構造や資金調達方法を変更せざるを得ない、または、これらの制定や変更に対応するための費用が発生する可能性があります。 　このような法規制の変更等によって、当社グループの事業、財政状態および経営成績等は悪影響を受ける可能性があります。	当社グループは、国内外の各種法令、規制、法制の動向について、各種団体や専門家等からの情報を収集・分析して当社の各組織にて対応の検討を行い、影響の度合いや内容に応じて必要と判断したものについては、速やかに情報を共有の上、適切に対応しています。
⑯多様な人材確保に関するリスク	当社グループを取り巻く事業環境は一段と変化を速め、少子高齢化、社会の成熟化、女性の社会進出やグローバリゼーションのさらなる進展に加え、新型コロナウイルス感染症の感染拡大がもたらした人々のくらしや行動の変容、サステナビリティの重要性の高まり等により、当社がサービスを提供する顧客の多様性と個別性が一層拡がりを増しています。また、このような環境変化に伴い、従来の個別事業の枠組みのなかだけでは解決できない社会課題が生じてきています。 　当社グループを取り巻く事業環境の変化や新たに生じる社会課題等に対応するための人材の継続的な確保や育成が不十分である場合には、当社グループの事業、財政状態および経営成績等は悪影響を受ける可能性があります。	当社グループが新しい価値を創造し続け、競争優位性を確保していくための原動力は人材であると考えております。そして、ダイバーシティ＆インクルージョンの推進を重要な経営戦略の一つと位置付け、「ダイバーシティ＆インクルージョン推進宣言」とその取り組み方針を策定し、グループ一体となって推進しています。

連結財務諸表等

　ここでは主に財務諸表の作成方法についての説明が書かれている。企業は大蔵省が定めた規則に従って財務諸表を作るよう義務付けられている。また金融商品法に従い、作成した財務諸表がどの監査法人によって監査を受けているかも明記されている。

(2) 当社グループの業務リスク

リスク名称	リスク内容	対策
①被災リスク	地震、風水害、感染症等の自然災害および戦争、テロ等の人為的災害により、従業者が被災し業務に支障をきたす恐れがあるだけでなく、当社グループが保有・管理等をしている不動産の毀損または滅失等を招くおそれがあり、その場合、当社グループの事業継続や財政状態、経営成績等に影響を及ぼす可能性があります。	当社グループでは、災害時の安心・安全の確保に努めるとともに、災害が発生した場合には、その影響を最小限に抑え、生活や事業を継続できるよう防災に取り組むとともに、災害発生時の事業継続計画や行動計画等を策定し、当社グループにおける事業継続に関する取り組みを行っております。 各種災害に関し、事業継続計画（BCP）を策定し、非常時の指揮命令系統、事業継続のための任務分担、各任務の災害対応マニュアルを定め、災害の影響を最小限に抑える体制を整備しています。また、参集拠点として常設の災害対策本部室を用意し、年に複数回大規模地震災害を想定した「災害対応訓練」を実施し、事業継続計画（BCP）に定められている対応の確認（役職員の生命や安全の確保、指揮系統の確立、事業復旧等）を行っています。 その他、宿日直制度による24時間365日体制を整えるとともに、災害に強い施設づくりとしてBCP関連の投資や中圧ガスを活用した電気・熱供給事業、建物管理研修施設の「三井不動産総合技術アカデミー」を開校する等、様々な施策を実施しています。
②システムリスク	当社グループでは、情報システムおよび制御システムにおけるシステム障害や、不正アクセス・ウイルス被害による情報漏洩等の不測の事態により、万一、当社のシステムが正常に利用できない場合や個人情報が外部へ漏洩した場合、当社グループの営業活動や業務処理の遅延、信用の失墜およびそれに伴う売上高の減少や損害賠償費用の発生等により、当社グループの経営成績に影響を及ぼす可能性があります。	セキュリティの確保はこれまで以上に重要性を増していくと考え、情報システムおよび制御システムにおいて計画的なセキュリティ診断・年次点検を実施し、標的型攻撃メール訓練等による役職員へ啓蒙を行うとともにインターネット接続時における情報アクセスへの制限やログ管理、情報端末の紛失に備えた対策の強化、第三者によるシステム・セキュリティ診断の実施、ウイルススキャンや異常な動きに対する検知システムの導入等を行い、サイバー攻撃や情報漏洩に備えた環境整備を進めています。 個人情報に関しては、関係する諸法令の遵守と適正な取扱いの確保に努めており、当社グループにおける情報の組織的管理とセキュリティレベルの維持向上を図る目的として「情報管理規則」「秘密情報取扱規程」を定め、定期的に役職員の教育・啓蒙を行っています。

---

point **連結財務諸表**

ここでは貸借対照表（またはバランスシート，BS），損益計算書(PL)，キャッシュフロー計算書の詳細を調べることができる。あまり会計に詳しくない場合は，最低限，損益計算書の売上と営業利益を見ておけばよい。可能ならば，その数字が過去5年，10年の間にどのように変化しているか調べると会社への理解が深まるだろう。

③コンプライアンスリスク	当社グループの主たる業務である宅地建物取引業に関して、顧客に対する重要事項説明の誤りや不実告知等の法令違反により当局から行政処分等を受ける場合があります。また、建築基準法、金融商品取引法、会社法、個人情報保護法等、当社グループが事業を行う上で関係する法令に違反した場合、当社グループの信用の失墜、罰金等が課されることにより、当社グループの経営成績に影響を及ぼす可能性があります。 また、当社グループでは、役職員の不正、業務上の過失等によるリスクが発生する可能性があります。当該リスクが顕在化した場合には、当社グループの信用の失墜及びそれに伴う売上高の減少や損害賠償費用の発生等により、当社グループの経営成績に影響を及ぼす可能性があります。	役職員が法令等を遵守し、より高い倫理観に従って行動するための基本的な事項を定める「三井不動産グループコンプライアンス方針」をはじめ、社内規程の制定と定期研修によるその周知徹底・啓蒙を推進しております。また、宅地建物取引業法等の主要な法令に関しては、法令遵守のため、各法令に応じた業務フローの策定を行い、研修やOJTによる周知徹底と法令遵守の定期的な自主点検を行っております。
④品質リスク	当社グループが行う不動産開発事業において設計・施工等の不備が発生した場合、また、当社グループが賃貸・管理する施設において管理上の不備が発生した場合は、当社グループの信用の失墜、想定外の費用及び開発計画、運営計画の遅延が生じる等、当社グループの経営成績に影響を及ぼす可能性があります。	不動産開発事業においては、一定の信用力・技術力を有する第三者に建物の設計・施工業務等を発注し、その設計・施工における品質を確保するため、当社グループにて独自の品質基準を定め、設計・施工業務等の発注先による遵守徹底を図るとともに、発注者として施工状況の確認及び品質検査を実施しております。賃貸・管理する施設に関しては、業務内容に応じたマニュアルを策定の上、研修・OJTを通じて業務品質を確保しています。また、万一の不備や事故等に備え、損害保険を付保しております。

4 経営者による財政状態，経営成績及びキャッシュ・フローの状況の分析

(1) 経営成績等の状況の概要

当連結会計年度における当社グループの財政状態及び経営成績の状況の概要は，以下のとおりです。

① 財政状態および経営成績の状況

a. 財政状態

◆資産

当期末の総資産は，8兆8,413億円となり，前期末比で6,333億円増加しました。

主な増減としては，販売用不動産（仕掛販売用不動産，開発用土地，前渡金を含む）が1,119億円増加，新規投資等により有形・無形固定資産が3,789億円増加し，また，投資有価証券が時価評価等により411億円増加しました。

なお, 当期の設備投資額は3,865億円, 減価償却費は1,252億円でした。

◆負債

当期末の有利子負債 (短期借入金, ノンリコース短期借入金, コマーシャル・ペーパー, 1年内償還予定の社債, ノンリコース1年内償還予定の社債, 社債, ノンリコース社債, 長期借入金, ノンリコース長期借入金の合計額) は, 4兆485億円となり, 前期末比で3,812億円増加しました。

なお, 資金調達の流動性補完を目的として, コミットメントラインを複数の金融機関との間で設定しており, 未使用のコミットメントラインが4,000億円あります。

また, 当期末の流動比率 (流動資産／流動負債) は, 前期末の201%から低下し183%となりました。

◆純資産

当期末の純資産合計は, 3兆312億円となり, 前期末比で1,174億円の増加となりました。これは, 利益剰余金が1,090億円, 為替換算調整勘定が572億円増加した一方で, その他有価証券評価差額金が448億円減少したこと等によります。

当期末の自己資本比率は32.8%と前期末の34.1%から低下し, D／Eレシオ (有利子負債／自己資本) は1.40倍と前期末の1.31倍から上昇しました。なお, 1株当たり純資産額は, 3,107.37円 (前期末は2,942.11円) となりました。

b. 経営成績

当社グループの連結業績につきましては, 売上高は2兆2,691億円 (前期比1,682億円増, 8.0%増), 営業利益3,054億円 (前期比604億円増, 24.7%増), 経常利益2,653億円 (前期比404億円増, 18.0%増) となりました。これに特別利益として投資有価証券売却益440億円を計上し, 特別損失として固定資産除却損81億円や投資有価証券評価損31億円等を計上した結果, 親会社株主に帰属する当期純利益は1,969億円 (前期比200億円増, 11.3%増) となりました。

報告セグメント別の業績は, 次のとおりです。

各セグメントの売上高は, 外部顧客に対する売上高を記載しており, 特に記載

のない場合，単位は百万円となっております。

◆ 賃貸

	当期 (2022. 4. 1〜2023. 3. 31)	前期 (2021. 4. 1〜2022. 3. 31)	増減
売上高	754,306	668,167	86,138
営業利益	149,153	129,983	19,169

「50ハドソンヤード（米国・オフィス）」の収益・利益の拡大に加え，既存商業施設の前期比での回復，「ららぽーと福岡（商業）」「ららぽーと堺（商業）」の新規開業効果等により，セグメント全体では，861億円の増収，191億円の増益となり，売上高・営業利益ともに過去最高を更新しました。

なお，当期末における当社の首都圏オフィス空室率（単体）は3.8％（当第3四半期末の6.4％から2.6pt改善）となりました。

＜売上高の内訳＞

	当期 (2022. 4. 1〜2023. 3. 31)	前期 (2021. 4. 1〜2022. 3. 31)	増減
オフィス	426,928	389,811	37,116
商業施設	261,394	226,218	35,176
その他	65,984	52,137	13,846
合計	754,306	668,167	86,138

・貸付面積の状況（単位：千m²）

		当期 (2023. 3. 31)	前期 (2022. 3. 31)	増減
オフィス	所有	1,960	1,894	66
	転貸	1,491	1,502	△11
商業施設	所有	1,873	1,758	115
	転貸	651	634	17

・期末空室率推移（％）

	2023/3	2022/3	2021/3	2020/3	2019/3	2018/3	2017/3	2016/3
オフィス・商業施設（連結）	4.3	3.0	2.9	2.3	1.8	2.4	3.1	2.2
首都圏オフィス（単体）	3.8	3.2	3.1	1.9	1.7	2.2	3.4	2.6
地方オフィス（単体）	2.8	3.7	3.5	1.3	1.8	2.3	2.3	3.1

＜当期における主要な新規・通期稼働物件＞
・新規稼働物件（当期稼働物件）

ららぽーとブキッ・ビンタン シティ センター	マレーシア クアラルンプール	2022年1月開業	商業施設
三井アウトレットパーク台南	台湾台南市	2022年2月開業	商業施設
ららぽーと福岡	福岡県福岡市	2022年4月開業	商業施設
50ハドソンヤード	米国 ニューヨーク市	2022年6月竣工	オフィス
東京ミッドタウン八重洲	東京都中央区	2022年8月竣工	オフィス・ ホテル・ 商業施設
ららぽーと堺	大阪府堺市	2022年11月開業	商業施設

・通期稼働物件（前期稼働物件）

ららぽーと上海金橋	中国上海市	2021年4月開業	商業施設
大宮門街 SQUARE	埼玉県さいたま市	2021年10月竣工	オフィス
イノベーション スクエア Phase Ⅱ	米国ボストン市	2021年11月竣工	オフィス
ららステーション上海蓮化路	中国上海市	2021年12月開業	商業施設

＜単体の賃貸事業内訳＞
・全体

	当期 (2022.4.1～2023.3.31)	前期 (2021.4.1～2022.3.31)
売上高	650,667	579,326
粗利益	94,703	76,227
粗利益率（%）	14.6	13.2

・オフィス・商業施設

	オフィス			商業施設		
	首都圏	地方	合計	首都圏	地方	合計
売上高	314,687	24,123	338,811	160,403	82,959	243,363
貸付面積（千㎡）	2,550	284	2,835	1,423	832	2,255
棟数（棟）	96	23	119	71	26	97
空室率（%）	3.8	2.8	3.7	2.0	2.5	2.2

◆ 分譲

	当期 (2022. 4. 1〜2023. 3. 31)	前期 (2021. 4. 1〜2022. 3. 31)	増減
売上高	640,662	643,851	△3,189
営業利益	145,711	138,343	7,367

　国内住宅分譲は，「パークコート千代田四番町」等の引渡しの進捗等により増収増益となりました。投資家向け・海外住宅分譲等は，資産回転の継続により，投資家等への国内・海外の物件売却を推進し，前期と同様，1,000億円を超える営業利益を計上しました。セグメント全体では，31億円の減収，73億円の増益となり，営業利益は過去最高を更新しました。

　なお，国内の新築マンション分譲の次期計上予定戸数3,350戸に対する契約達成率は77.5％となりました。

＜売上高・営業利益の内訳＞

	当期 (2022. 4. 1〜2023. 3. 31)	前期 (2021. 4. 1〜2022. 3. 31)	増減
プロパティマネジメント			
売上高（※1）	334,973	321,572	13,400
営業利益	37,547	31,296	6,251
仲介・アセットマネジメント等			
売上高	110,950	107,777	3,172
営業利益	25,836	25,909	△72
売上高合計	445,924	429,350	16,573
営業利益合計	63,383	57,205	6,178

＜国内住宅分譲内訳＞

・売上高等の内訳

	当期 (2022. 4. 1〜2023. 3. 31)		前期 (2021. 4. 1〜2022. 3. 31)		増減	
マンション	235,638	(3,196戸)	206,669	(3,208戸)	28,968	(△12戸)
首都圏	196,655	(2,324戸)	180,674	(2,539戸)	15,980	(△215戸)
その他	38,983	(872戸)	25,995	(669戸)	12,987	(203戸)
戸建	34,892	(420戸)	38,485	(507戸)	△3,593	(△87戸)
首都圏	34,787	(418戸)	36,149	(467戸)	△1,362	(△49戸)
その他	104	(2戸)	2,335	(40戸)	△2,231	(△38戸)
売上高合計	270,530	(3,616戸)	245,155	(3,715戸)	25,374	(△99戸)

・契約状況

		マンション	戸建	合計
期首契約済み	（戸）（A）	4,002	155	4,157
期中契約	（戸）（B）	3,450	383	3,833
計上戸数	（戸）（C）	3,196	420	3,616
期末契約済み	（戸）（A）＋（B）－（C）	4,256	118	4,374
完成在庫	（戸）	55	0	55
新規発売	（戸）	3,340	377	3,717

(注) 契約済み戸数，新規発売戸数には，次期以降に計上が予定されている戸数も含まれております。

・期末完成在庫推移（戸）

	2023/3	2022/3	2021/3	2020/3	2019/3	2018/3	2017/3	2016/3
マンション	55	82	150	128	141	108	321	88
戸建	0	7	17	58	30	40	69	127
合計	55	89	167	186	171	148	390	215

・当期における主要な計上物件（国内住宅分譲）

パークコート千代田四番町	東京都千代田区	マンション
パークシティ柏の葉キャンパスサウスマークタワー	千葉県柏市	マンション
SHIROKANE The SKY	東京都港区	マンション
パークホームズ日本橋時の鐘通り	東京都中央区	マンション
ファインコート稲城南山	東京都稲城市	戸建

・当期における主要な計上物件（投資家向け分譲・海外住宅分譲）

200アムステルダム	米国ニューヨーク市	マンション
ウェストエッジタワー	米国シアトル市	賃貸住宅
豊洲ベイサイドクロスタワー	東京都江東区	オフィス
コートランド	米国ニューヨーク市	マンション
飯田橋グラン・ブルーム	東京都千代田区	オフィス
ザ・ゲージ	米国デンバー市	賃貸住宅

◆ マネジメント

	当期 (2022.4.1〜2023.3.31)	前期 (2021.4.1〜2022.3.31)	増減
売上高	445,924	429,350	16,573
営業利益	63,383	57,205	6,178

　プロパティマネジメントは，リパーク（貸し駐車場）における前期比での稼働向上や費用削減効果等により増収増益となりました。仲介・アセットマネジメント等は，プロジェクトマネジメントフィーが増加した一方で，リハウス事業（個人向け仲介事業）における経費の増加等により増収微減益となりました。

　セグメント全体では，165億円の増収，61億円の増益となり，売上高・営業利益ともに過去最高を更新しました。

＜売上高・営業利益の内訳＞

	当期 (2021.4.1〜2022.3.31)	前期 (2020.4.1〜2021.3.31)	増減
プロパティマネジメント			
売上高（※）	321,572	309,099	12,473
営業利益	31,296	21,888	9,407
仲介・アセットマネジメント等			
売上高	107,777	93,829	13,948
営業利益	25,909	18,081	7,828
売上高合計	429,350	402,929	26,421
営業利益合計	57,205	39,969	17,235

※　当期末のリパーク（貸し駐車場）管理台数の状況
　　リパーク管理台数：251,506台（前期末：273,704台）

・三井不動産リアルティの仲介事業の状況（仲介・アセットマネジメント等に含む）

	当期 (2022.4.1〜2023.3.31)		前期 (2021.4.1〜2022.3.31)		増減	
	取扱高	件数	取扱高	件数	取扱高	件数
仲介	1,918,415	(39,106件)	1,892,665	(41,183件)	25,749	(△2,077件)

・三井不動産レジデンシャルの販売受託事業の状況（仲介・アセットマネジメント等に含む）

	当期 (2022.4.1〜2023.3.31)		前期 (2021.4.1〜2022.3.31)		増減	
	取扱高	件数	取扱高	件数	取扱高	件数
販売受託	57,180	(702件)	55,484	(765件)	1,695	(△63件)

◆ その他

	当期 (2022.4.1〜2023.3.31)	前期 (2021.4.1〜2022.3.31)	増減
売上高	428,209	359,499	68,709
営業利益	△4,239	△29,641	25,402

　ホテル・リゾートのRevPARが大幅に改善したことや，東京ドームにおいて稼働日数・来場者数が増加したこと等により，セグメント全体では，687億円の増収，254億円の営業損失の改善となり，売上高は過去最高を更新しました。

＜売上高の内訳＞

	当期 (2022.4.1〜2023.3.31)	前期 (2021.4.1〜2022.3.31)	増減
新築請負	150,741	158,307	△7,565
施設営業	93,930	46,803	47,127
東京ドーム	73,142	59,388	13,754
その他	110,394	95,000	15,393
合計	428,209	359,499	68,709

・受注工事高内訳

	当期 (2022.4.1〜2023.3.31)	前期 (2021.4.1〜2022.3.31)	増減
新築請負	137,806	139,797	△1,991

② キャッシュ・フローの状況

　当期末における現金及び現金同等物の残高は，前期末比で103億円減少し，1,323億円となりました。

　当連結会計年度における各キャッシュ・フローの状況とそれらの要因は，次の通りです。

◆営業活動によるキャッシュ・フロー

　　当期は，営業活動により2,977億円の増加となりました。これは，税金等
調整前当期純利益2,959億円や減価償却費1,252億円等によるものです。
一方で，法人税等の支払額又は還付額1,098億円等による減少がありました。

◆投資活動によるキャッシュ・フロー

　　当期は，投資活動により4,220億円の減少となりました。これは，有形及
び無形固定資産の取得による支出3,627億円，投資有価証券の取得による支
出948億円等によるものです。一方で，預り敷金保証金の受入による収入
517億円，投資有価証券の売却による収入505億円等による増加がありま
した。

◆財務活動によるキャッシュ・フロー

　　当期は，財務活動により1,114億円の増加となりました。これは，借入金
の調達等によるものです。

③　生産，受注および販売の状況

　生産，受注および販売の状況については，「①財政状態および経営成績の状況」
における報告セグメント別の業績に関連付けて示しています。

(2)　経営者の視点による経営成績等の状況に関する分析・検討内容 …………

　経営者の視点による当社グループの経営成績等の状況に関する認識及び分析・
検討内容は，以下の通りです。

　なお，文中の将来に関する事項は，当連結会計年度末現在において判断したも
のであります。

①　財政状態及び経営成績の状況に関する認識及び分析・検討内容 …………

a.　経営成績等

　当社グループの連結業績につきましては，売上高は2兆2,691億円（前期比
1,682億円増，8.0％増），営業利益3,054億円（前期比604億円増，24.7％増），
経常利益2,653億円（前期比404億円増，18.0％増）となりました。これに特別
利益として投資有価証券売却益440億円を計上し，特別損失として固定資産除

却損81億円や投資有価証券評価損31億円等を計上した結果，親会社株主に帰属する当期純利益は1,969億円（前期比200億円増，11.3％増）となりました。また，当連結会計年度末の総資産は8兆8,413億円となり，有利子負債残高は4兆485億円となりました。

b. 経営成績等の状況に関する認識及び分析・検討内容

当連結会計年度のわが国経済は，新型コロナウイルス感染症抑制と経済活動の両立が進み，緩やかな持ち直しの動きが続きました。一方，ロシアによるウクライナ侵攻の長期化，米中関係の緊張，台湾・中国間の両岸問題といった地政学的リスク，エネルギー価格および原材料価格の上昇，世界的な金融引き締め等により，先行きの不透明感が一層高まりました。

当不動産業界では，オフィス賃貸事業については，働き方の変化に伴うオフィスの集約や縮小の動きが一部でみられたものの，リアルなコミュニケーションの重要性を意識した館内増床や拡張移転の動きもあり，都心の好立地物件を中心として堅調に推移しました。商業施設賃貸事業については，上半期を中心に新型コロナウイルス感染症の影響を受け，売上・客数が伸び悩んだものの，秋以降は，新型コロナウイルス感染症に対する人々の意識が変化したことによる来館者の増加等を受け，回復基調で推移しました。ホテル施設運営事業については，宿泊主体型ホテルやリゾートホテルにおいて，上半期は入国制限等の影響により，引き続き厳しい状況となりましたが，秋以降は入国制限の緩和や円安によるインバウンドニーズの戻りに加え，「全国旅行支援」による国内旅行の活性化を追い風に，首都圏を中心に急速に回復しました。物流施設賃貸事業については，EC事業拡大等による物流施設への需要の高まりから，新規供給面積が増えるなど，市場規模の拡大が継続しました。住宅分譲事業については，住環境に対する関心の高まりやニーズの多様化，低金利の継続等により，顧客の購入意欲は高い状況が続き，マーケットは好調に推移しました。

このような事業環境のもと，当社グループにおきましては，六本木，日比谷に続く3施設目の東京ミッドタウンとして，「JAPAN VALUEを世界に発信しつづける街」という理念のもと，「東京ミッドタウン八重洲」（東京都中央区）を開業させました。新型コロナウイルス感染症による働き方の不可逆的な変化を捉え，

多様なニーズに合わせた最適な働き方や，快適でプレミアムなビジネスライフの実現を支援する，ポストコロナ時代の「行きたくなるオフィス」を提案することで，テナント企業から高い評価を受けました。当社グループの海外事業における旗艦物件に位置づけられる「50ハドソンヤード」（米国・ニューヨーク）については，オフィスを「対面によるコラボレーションを通じた新たな価値創造を促す場」として戦略的に捉える企業から高く評価され，順調なリーシング状況の中で竣工を迎えました。また，新たに開業させた「三井ショッピングパーク ららぽーと堺」（大阪府堺市）では，スポーツやエンターテインメントを主軸とした施設づくりにより，多くのお客様にご来館いただき，好調なスタートを切りました。さらに「フォーシーズンズホテル東京大手町」（東京都千代田区）等のラグジュアリーホテルを中心に，的確なマーケティングにより，秋以降のインバウンドの戻りに伴う高額宿泊ニーズを捉え，競合施設との差別化を実現いたしました。

　また，様々な社会課題の解決を通して，持続可能な社会の構築に貢献することが，「＆マーク」の理念を掲げる当社グループの社会的使命であると認識しており，特に「脱炭素社会の実現」と「ダイバーシティ＆インクルージョンへの取り組み」を最重要課題と位置づけ，積極的に取り組んでおります。

　「脱炭素社会の実現」については，2021年11月に策定した，「脱炭素社会実現に向けたグループ行動計画」に基づき，新築物件におけるZEB（ネット・ゼロ・エネルギー・ビル）・ZEH（ネット・ゼロ・エネルギー・ハウス）水準の環境性能実現，国内全施設における電力グリーン化等の再生可能エネルギーの積極活用，メガソーラー事業の拡大など，様々な施策を着実に推進してまいりました。また，国内不動産会社では過去最高額のグリーンボンドを「東京ミッドタウン八重洲」の開発資金に充当するなど，サステナブルファイナンスによる資金調達も行ってまいりました。このような取り組みの結果，当社は，国際的な環境調査・情報開示を行う非営利団体であるCDPより，気候変動部門において最高評価にあたる「CDP2022 気候変動Aリスト」に2年連続で選定されました。

　また，「ダイバーシティ＆インクルージョンの推進」については，「ダイバーシティ＆インクルージョン推進宣言」とその取り組み方針に基づき，特に女性活躍推進を重要なテーマと定め，社外のロールモデルによる座談会を実施するなど，多様

なマネジメント像について学ぶ機会の提供，各本部・各部門がそれぞれ女性活躍推進施策を議論・策定したうえで主体的に実行する仕組みづくり，当社グループ各社における女性活躍推進に向けたロードマップ策定とその実行など，当社グループ全体での取り組みを進めてまいりました。このような取り組みの結果，経済産業省と東京証券取引所が女性活躍推進の分野で，業種ごとに最も優れた企業を選定する「なでしこ銘柄」に選ばれました。

さらに，「サステナブル調達基準」の当社グループ内および取引先への周知徹底や，人権デューデリジェンスの対象拡大等，「ビジネスと人権」の取り組みを進めたほか，当社グループ全体で生物多様性に配慮した事業活動を行うとともに，サプライチェーンにおける生物多様性への影響に配慮するとした「三井不動産グループ生物多様性方針」を策定するなど，重要なESG課題についても当社グループ全体で取り組んでまいりました。

これらの様々な施策を通じて，営業収益，営業利益，経常利益，親会社株主に帰属する当期純利益のすべてにおいて，期中に公表した連結業績予想を上回る結果となりました。

ｃ．経営方針，経営戦略，経営上の目標の達成状況を判断するための客観的な指標等

当社グループでは，2018年5月にグループ長期経営方針「VISION 2025」を策定し，2025年度前後に向けて，連結営業利益は3,500億円程度，うち海外事業利益（※）は30％程度，ROAは5％程度を達成することを目標指標といたしました。

当連結会計年度は新型コロナウイルス感染症の影響を受けたものの，営業利益は3,054億円，うち海外事業利益は18.9％，ROAは3.9％となりました。グループ長期経営方針公表からの5年間で，目標指標の達成に向けて着実に推移していると判断しております。

※海外事業利益＝海外営業利益＋海外持分法換算営業利益（海外所在持分法適用会社について，各社の営業利益または営業利益相当額（当期純利益から税負担分を考慮して簡便的に算出した利益）に当社持分割合を乗じて算出した金額と海外所在持分法適用会社に係る関係会社株式売却益（不動産分譲を目的とした事

業に係るものに限る）の合計額）

　当社グループの連結業績につきましては，売上高は2兆2,691億円となり，通期業績予想2兆2,000億円に比べて691億円上回り（3.1％増），営業利益は3,054億円となり，通期業績予想3,000億円に比べて54億円上回り（1.8％増），経常利益は2,653億円となり，通期業績予想2,600億円に比べて53億円上回り（2.1％増），親会社株主に帰属する当期純利益は1,969億円となり，通期業績予想1,900億円に比べて69億円上回り（3.7％増）ました。

　報告セグメントごとの連結業績に関する通期業績予想比については次のとおりです。

　賃貸セグメントにおいては，商業施設が上期に新型コロナウイルスの影響を受け，売上・客足が伸び悩んだこと等により営業利益は1,491億円となり，通期業績予想1,520億円よりも28億の減益となりました。

　分譲セグメントにおいては，国内住宅分譲では利益率の改善等により営業利益は想定を上回りました。投資家向け・海外住宅分譲等の営業利益は概ね想定通りとなりました。セグメント全体では営業利益は1,457億円となり，通期業績予想1,450億円よりも7億円の増益となりました。

　マネジメントセグメントにおいては，主にリパーク（貸し駐車場）の稼働改善や費用削減効果等により，営業利益は633億円となり，通期業績予想620億円よりも13億円の増益となりました。

　その他セグメントにおいては，ホテル・リゾートの需要が回復したこと等により営業損失は△42億円となり，通期業績予想△70億円より27億円の損失の改善となりました。

＜連結セグメント別業績（通期予想比）＞

	当期 (2022.4.1～2023.3.31)		2023年3月期通期業績予想 (2022.4.1～2023.3.31)		増減	
	売上高	営業利益	売上高	営業利益	売上高	営業利益
賃貸	754,306	149,153	720,000	152,000	34,306	△2,846
分譲	640,662	145,711	650,000	145,000	△9,337	711
マネジメント	445,924	63,383	420,000	62,000	25,924	1,383
その他	428,209	△4,239	410,000	△7,000	18,209	2,760
消去又は全社	—	△48,603	—	△52,000	—	3,396
合計	2,269,103	305,405	2,200,000	300,000	69,103	5,405

　当連結会計年度の当社グループの経営資源の配分・投入につきましては，有形・無形固定資産について，設備投資3,865億円，減価償却費1,252億円となり，販売用不動産について，新規投資4,697億円，原価回収4,405億円となりました。

② **キャッシュ・フローの状況の分析・検討内容並びに資本の財源及び資金の流動性に係る情報** ……………………………………………………………

　当社グループの主要な資金需要は，国内のビル賃貸事業や商業施設賃貸事業等における新規投資や，販売用不動産の取得，および海外事業の拡大に伴う開発資金等であります。これらの資金需要につきましては，営業活動によるキャッシュ・フローのほか，金融機関からの借入や社債およびコマーシャル・ペーパーの発行による資金調達等にて対応していくこととしております。また，手元の運転資金につきましては，当社及び一部の連結子会社においてキャッシュ・マネジメント・システムを導入することにより，資金効率の向上を図っております。

　当連結会計年度においては，「東京ミッドタウン八重洲」，「ららぽーと福岡」，「50ハドソンヤード」等への投資等により，投資活動によるキャッシュ・フローが4,220億円減少しましたが，営業活動によるキャッシュ・フロー2,977億円と財務活動によるキャッシュ・フロー1,114億円で充当し，現金及び現金同等物の期末残高が1,323億円となりました。当連結会計年度における各キャッシュ・フローの状況とそれらの要因につきましては，前記「(1) 経営成績等の状況の概要／②キャッシュ・フローの状況」をご参照ください。

　来期においては，新規・既存物件への投資等が計画されておりますが，営業活動によるキャッシュ・フローのほか，借入金の調達等の財務活動によるキャッシュ・フローで対応していく予定です。

③ **重要な会計上の見積り及び当該見積りに用いた仮定** ……………………………

　当社グループの連結財務諸表は，わが国において一般に公正妥当と認められる会計基準に基づき作成されております。当社グループの連結財務諸表で採用する会計上の見積り及び当該見積りに用いた仮定のうち，重要なものについては，「第5　経理の状況　1．連結財務諸表等　(1) 連結財務諸表　注記事項（重要な会

計上の見積り）」に記載のとおりです。

設備の状況

1 設備投資等の概要

　当社グループ（当社および連結子会社）では，賃貸事業を中心に，ビル賃貸事業においてはより機能性の高いビルへの需要の増加に対応すること，また，商業施設賃貸事業においては集客力を強化することに重点を置き，既存設備の競争力向上のためのリニューアル工事等への投資，および事業拡大のための新設工事等への投資を行っています。

　当連結会計年度は，三井不動産における「東京ミッドタウン八重洲」，SPCにおける「ららぽーと福岡」，三井不動産アメリカグループにおける「50ハドソンヤード」への新規投資等により，合計3,865億円の設備投資を行いました。当連結会計年度の設備投資の内訳は次のとおりです。

	前連結会計年度 （百万円）	当連結会計年度 （百万円）	増減（百万円）
賃貸	222,498	346,264	123,765
分譲	1,930	462	△1,468
マネジメント	9,697	13,216	3,519
その他	33,546	21,740	△11,806
調整額	4,715	4,908	193
合計	272,389	386,592	114,203

2 主要な設備の状況

　当社グループ（当社および連結子会社）における各セグメントの主要な設備は，以下のとおりです。

(point) **財務諸表**

　この項目では，連結ではなく単体の貸借対照表と，損益計算書の内訳を確認することができる。連結＝単体＋子会社なので，会社によっては単体の業績を調べて連結全体の業績予想のヒントにする場合があるが，あまりその必要性がある企業は多くない。

（1）賃貸セグメント

会社名	名称（所在地）	用途	主たる構造および規模	竣工又は取得年月	建物延床面積（㎡）	土地面積（㎡）	帳簿価額（百万円） 建物	土地	その他	合計
① 賃貸用建物等										
三井不動産㈱	室町一構（東京都中央区）	オフィス	鉄骨鉄筋コンクリート造、地上7階、地下2階	1929.3	32,245		2,749		177	
〃	三井二号館（東京都中央区）	〃	鉄骨鉄筋コンクリート造、地上11階、地下3階	1985.2	26,490	14,256	5,892	122,472	189	157,979
〃	日本橋三井タワー（東京都中央区）	〃	鉄骨鉄筋コンクリート造、地上39階、地下4階	2005.7	133,727		26,099		398	
三井不動産㈱ ㈱エムスリーリアルエステート ㈱室三リアルエステート	日本橋室町三井タワー（東京都中央区）	オフィス 商業施設	鉄骨鉄筋コンクリート造、一部鉄骨鉄筋コンクリート造、地上26階、地下3階	2019.3	※1 151,579	※1※2 10,255	79,652	108,443	4,059	192,154
三井不動産㈱	室町東三井ビルディング（東京都中央区）		鉄骨鉄筋コンクリート造、一部鉄筋コンクリート造、地上22階、地下4階	2010.10	40,363	2,454	8,159	25,088	181	33,428
〃	室町古河三井ビルディング（東京都中央区）	オフィス 商業施設 住宅	鉄骨造、一部鉄骨鉄筋コンクリート造、地上22階、地下4階	2014.2	※1 25,439	※1 1,534	4,408	7,487	59	11,955
〃	室町ちばぎん三井ビルディング（東京都中央区）	オフィス 商業施設	鉄骨造、一部鉄骨鉄筋コンクリート造、地上17階、地下4階	2014.2	※1 13,380	※1※2 771	2,328	8,398	23	10,750
〃	日本橋一丁目三井ビルディング（東京都中央区）	オフィス 商業施設	鉄骨造、一部鉄骨鉄筋コンクリート造、地上20階、地下4階	2004.1	92,755	5,611	12,754	64,427	395	77,577
三井不動産㈱ ㈱ロータスエステート	日本橋アステラス三井ビルディング（東京都中央区）	オフィス	鉄骨造、鉄骨鉄筋コンクリート造、鉄骨鉄筋コンクリート造、地上17階、地下2階	2013.1	26,516	2,364	4,650	21,338	64	26,052
三井不動産㈱	スルガビル（東京都中央区）	オフィス	鉄筋コンクリート造、地上9階、地下4階	2019.10	16,445	1,358	1,407	33,401	3	34,812
〃	日本橋高島屋三井ビルディング（東京都中央区）	オフィス 商業施設	鉄筋コンクリート造、鉄骨鉄筋コンクリート造、地上32階、地下5階	2018.6	※1 83,746	※1 3,460	29,260	55,776	634	85,670
〃	八重洲三井ビルディング（東京都中央区）	オフィス	鉄骨鉄筋コンクリート造、地上10階、地下3階	1965.6	※1 23,454	※1※2 2,162	659	18,901	8	19,569
〃	東京ミッドタウン八重洲（東京都中央区）	オフィス 商業施設	（八重洲セントラルタワー）鉄骨造、一部鉄骨鉄筋コンクリート造、一部鉄筋コンクリート造、地上45階、地下4階 ペントハウス2階 （八重洲セントラルスクエア）鉄骨造、一部鉄骨鉄筋コンクリート造、一部鉄筋コンクリート造、地上7階、地下2階 ペントハウス1階	2022.8	※1 108,350	※1 4,528	48,690	78,949	3,963	131,603
〃	交詢ビルディング（東京都中央区）	商業施設	鉄骨鉄筋コンクリート造、地上10階、地下2階	2004.9	※1 13,662	※1 1,316	2,258	7,832	44	10,135
〃	三井住友銀行本店ビルディング（東京都千代田区）	オフィス	鉄骨造、一部鉄骨鉄筋コンクリート造、地上23階、地下4階	2010.7	80,047	5,430	13,100	89,148	158	102,407
〃	霞が関ビルディング（東京都千代田区）	〃	鉄骨造、一部鉄骨鉄筋コンクリート造、地上36階、地下3階	1968.4	※1 145,494	※1※2 8,264	17,508	1,556	894	19,959
〃	新霞が関ビルディング（東京都千代田区）	〃	鉄骨造、一部鉄骨鉄筋コンクリート造、地上20階、地下3階	1987.2	※1 14,895	※1 2,891	1,089	16,597	16	17,702
〃	虎の門三井ビルディング（東京都千代田区）	〃	鉄骨造、一部鉄骨鉄筋コンクリート造、地上14階、地下2階	1972.9	23,606	3,264	1,470	32,292	29	33,792

会社名	名称（所在地）	用途	主たる構造および規模	竣工又は取得年月	建物延床面積（㎡）	土地面積（㎡）	候補価額（百万円）			
							建物	土地	その他	合計
三井不動産㈱	丸の内三井ビルディング（東京都千代田区）	オフィス	鉄骨鉄筋コンクリート造、地上11階、地下2階	1981.2	20,373	1,851	2,572	23,690	43	26,306
〃	神保町三井ビルディング（東京都千代田区）	〃	鉄骨造、一部鉄骨鉄筋コンクリート造、地上23階、地下2階	2003.3	※1 13,933	※1 1,253	3,238	8,217	15	11,471
〃	グラントウキョウノースタワー（東京都千代田区）	〃	鉄骨造、一部鉄骨鉄筋コンクリート造、地上43階、地下4階	2007.10	※1 82,001	※1 3,723	12,003	43,778	96	55,879
〃	東京ミッドタウン日比谷（東京都千代田区）	オフィス商業施設	鉄骨造、一部鉄骨鉄筋コンクリート造、地上35階、地下4階	2018.2	189,245	10,702	74,281	121,375	2,361	198,018
〃	（旧）日比谷U-1ビル（東京都千代田区）	—	—	—		5,065	—	68,057	—	68,057
〃	Otemachi One タワー（東京都千代田区）	オフィス	鉄骨鉄筋コンクリート造、地上40階、地下5階	2020.2	※1 56,592	※1 3,297	24,549	90,946	1,968	117,464
㈱コーラスプロパティ	青山OM-SQUARE（東京都港区）	〃	鉄骨造、一部鉄骨鉄筋コンクリート造、地上25階、地下3階	2008.7	※1 14,603	※1 2,040	2,397	8,903	25	11,326
三井不動産㈱	汐留シティセンター（東京都港区）	〃	鉄骨造、一部鉄骨鉄筋コンクリート造、地上43階、地下4階	2003.1	※1 15,775	※1 1,322	1,632	9,468	33	11,134
〃	東京ミッドタウン（東京都港区）	オフィス商業施設住宅	鉄骨造、一部鉄骨鉄筋コンクリート造、一部鉄筋コンクリート造、地上54階、地下5階	2007.1	※1 281,901	※1 34,465	40,518	148,163	1,460	190,142
〃	msb Tamachi 田町ステーションタワーS（東京都港区）	オフィス	鉄筋コンクリート造、一部鉄骨鉄筋コンクリート造、地上31階、地下2階	2018.5	※1 75,178	※1※2 5,407	26,482		1,008	27,491
〃	ゲートシティ大崎（東京都品川区）	〃	鉄骨造、一部鉄骨鉄筋コンクリート造、一部鉄筋コンクリート造、地上24階、地下4階	1999.1	※1 33,612	※1 5,405	5,707	13,445	78	19,232
〃	RAYARD MIYASHITA PARK（東京都渋谷区）	商業施設	鉄骨造、一部鉄骨鉄筋コンクリート造、一部鉄筋コンクリート造、地上4階、地下1階	2020.7	34,502	※2 8,055	12,543		1,010	13,554
〃	アーバンドックららぽーと豊洲（東京都江東区）	〃	鉄骨造、一部鉄骨鉄筋コンクリート造、地上5階、地下1階	2006.8	164,525	※2 67,499	10,939	20,199	687	31,826
〃	三井不動産インダストリアルパーク羽田（東京都大田区）	物流施設	鉄骨造、地上5階	2019.6	81,030	※2 36,213	10,119	16,056	767	26,942
〃	LAZONA川崎（神奈川県川崎市）	商業施設	鉄骨造、一部鉄筋コンクリート造、地上6階、地下1階	2006.9	※1 69,081	※2 72,013	3,572	26,022	351	29,946
〃	横浜三井ビルディング（神奈川県横浜市）	オフィス	鉄骨造、一部鉄骨鉄筋コンクリート造、一部鉄筋コンクリート造、地上30階、地下2階	2012.2	90,356	7,799	13,634	6,940	216	20,791
三井不動産㈱ ㈱鶴居プロパティーズ	ららぽーと横浜（神奈川県横浜市）	商業施設	鉄骨造、地上6階、地下1階	2007.2	244,154	102,030	12,541	17,073	590	30,205
三井不動産㈱	ららぽーと海老名（神奈川県海老名市）	〃	鉄骨造、地上4階	2015.10	121,127	※2 32,942	10,020	—	380	10,400
〃	三井不動産ロジスティクスパーク海老名Ⅰ（神奈川県海老名市）	物流施設	鉄骨造、地上6階	2022.9	54,847	※2 122,180	16,570	—	1,429	18,000
〃	ららぽーと三井ビルディング（千葉県船橋市）	オフィス	鉄骨鉄筋コンクリート造、一部鉄骨造、地上14階、地下1階	1988.6	23,558	157,850	1,728	48,919	38	76,620
〃	ららぽーとTOKYO-BAY（千葉県船橋市）	商業施設	鉄筋コンクリート造、一部鉄骨造、一部鉄骨鉄筋コンクリート造、地上5階、地下1階	1981.4	280,529		22,914		3,019	
〃	ビビット南船橋（千葉県船橋市）	商業施設	鉄骨造、地上5階	2020.11	98,026	30,258	2,841	7,077	85	10,005
〃	三井不動産ロジスティクスパーク船橋Ⅰ（千葉県船橋市）	物流施設	鉄筋コンクリート造、一部鉄骨造、地上8階	2016.10	202,156	51,000	22,563	4,425	1,000	27,989

会社名	名称（所在地）	用途	主たる構造および規模	竣工又は取得年月	建物延床面積(m²)	土地面積(m²)	帳簿価額（百万円）			
							建物	土地	その他	合計
三井不動産㈱	ゲートスクエア（千葉県柏市）	オフィス 商業施設 住宅	（ショップ＆オフィス棟）鉄骨鉄筋コンクリート造、地上7階、地下1階（ホテル＆レジデンス棟）鉄筋コンクリート造、地上14階、地下1階	2014.4	48,166	20,871	7,418	4,858	373	12,650
〃	パークシティ柏の葉キャンパス ザ・ゲートタワー ウエスト（千葉県柏市）	住宅 商業施設	鉄筋コンクリート造、地上36階	2018.1	38,771	6,095	8,727	2,823	375	11,926
〃	三井アウトレットパーク木更津（千葉県木更津市）	商業施設	鉄骨造、一部木造、地上1階	2012.4	68,796	350,325	6,099	11,920	1,780	19,801
三井不動産レジデンシャル㈱	パークウェルステイト鴨川（千葉県鴨川市）	住宅	鉄筋コンクリート造、地上22階、地下1階	2021.7	47,415	26,526	16,268	374	3,531	20,174
三井不動産㈱	ららぽーと富士見（埼玉県富士見市）	商業施設	鉄骨造、地上4階（駐車場棟）鉄骨造、地上5階	2015.2	183,858	152,055	15,273	10,365	938	26,577
〃	ららぽーと沼津（静岡県沼津市）	〃	鉄骨造、地上4階（駐車場棟）鉄骨造、地上5階	2019.8	164,353	※2 119,816	19,721	—	1,953	21,674
〃	大手町建物名古屋前ビル（愛知県名古屋市）	オフィス 商業施設	鉄骨鉄筋コンクリート造、地上11階、地下2階	2007.8	37,834	2,976	204	14,242	5	14,452
〃	名古屋三井ビル北館（愛知県名古屋市）	オフィス	鉄骨造、一部鉄筋コンクリート造、地上20階、地下2階	2021.1	29,410	※2 2,247	11,014	※2 4,686	618	16,320
〃	ららぽーと名古屋みなとアクルス（愛知県名古屋市）	商業施設	鉄骨造、地上5階（一部地上6階）	2018.9	171,815	※2 83,200	17,543	—	1,795	19,338
〃	淀屋橋三井ビルディング（大阪府大阪市）	オフィス 商業施設	鉄骨造、一部鉄骨鉄筋コンクリート造、一部鉄筋コンクリート造、地上16階、地下3階	2008.3	※1 38,934	※1 3,091	4,737	14,635	101	19,474
〃	EXPOCITY（大阪府吹田市）	商業施設	（商業棟）鉄骨造、地上3階	2015.11	222,506	※2 172,240	15,987	—	1,489	17,477
〃	ららぽーと堺（大阪府堺市）	〃	鉄骨造、地上3階（駐車場棟）鉄骨造、地上6階	2022.9	143,600	※2 74,300	20,445	41	2,624	23,110
三井不動産レジデンシャル㈱	パークウェルステイト千里中央（大阪府豊中市）	住宅	鉄筋コンクリート造、一部鉄骨造、地上13階	2023.2	45,120	17,909	12,605	3,455	1,813	17,874
三井不動産㈱	（改修中）三井アウトレットパークマリンピア神戸（兵庫県神戸市）	商業施設	—	—	—	78,205	12	11,096	479	11,587
〃	札幌三井JPビルディング（北海道札幌市）	オフィス 商業施設	鉄骨造、一部鉄骨鉄筋コンクリート造、一部鉄筋コンクリート造、地上20階、地下3階	2014.8	※1 47,714	※1 3,861	7,727	6,707	56	14,490
博多那珂6開発特定目的会社	ららぽーと福岡（福岡県福岡市）	商業施設	（商業棟）鉄骨造、地上5階、地下1階（駐車場棟）鉄骨造、地上7階	2022.3	206,500	86,600	32,269	18,740	2,470	53,479

会社名	名称（所在地）	用途	主たる構造および規模	竣工又は取得年月	建物延床面積（㎡）	土地面積（㎡）	帳簿価額（百万円）			
							建物	土地	その他	合計
MITSUI FUDOSAN AMERICA, INC.（在外子会社）	1251 Avenue of the Americas（アメリカ合衆国ニューヨーク州ニューヨーク市）	オフィス	鉄骨造、地上54階、地下4階	1986.12	215,308	9,232	40,242	29,463	14	69,720
〃	55 Hudson Yards（アメリカ合衆国ニューヨーク州ニューヨーク市）	〃	鉄骨コンクリート造、地上51階、地下2階	2018.10	117,585	3,718	82,754	56,155	―	138,909
〃	50 Hudson Yards（アメリカ合衆国ニューヨーク州ニューヨーク市）	〃	鉄骨造、一部鉄骨コンクリート造 地上58階、地下3階	2022.6	269,000	6,400	261,674	140,017	6,214	407,905
MITSUI FUDOSAN (U.K.) LTD.（在外子会社）	5 Hanover Square（英国ロンドン市）	〃	鉄骨コンクリート造、地上7階、地下1階	2012.3	7,957	1,122	3,341	9,725	818	13,885
〃	1 Angel Court（英国ロンドン市）	〃	鉄骨造、一部鉄骨コンクリート造、地上27階、地下2階	2017.3	45,384	※2 3,925	15,208	※2 13,316	7,338	35,863
台湾三井不動産股份有限公司（在外子会社）	三井アウトレットパーク台湾林口（台湾新北市）	商業施設	鉄骨コンクリート造、一部鉄骨造、地上2階、地下1階（一部地上3階）	2016.1	53,200	※2 47,138	12,183	―	17,917	30,100
〃	三井アウトレットパーク台湾台中港（台湾台中市）	〃	鉄骨コンクリート造、地上1階（一部地上2階）	2018.12	79,790	※2 177,932	7,994	―	5,665	13,659
〃	三井アウトレットパーク台南（台湾台南市）	〃	鉄骨コンクリート造、地上4階	2022.2	64,000	※2 59,000	9,791	―	8,401	18,193
MITSUI FUDOSAN (ASIA) MALAYSIA SDN. BHD.（在外子会社）	ららぽーと ブキッ・ビンタン シティ センター（マレーシア クアラルンプール）	〃	鉄骨コンクリート造、一部鉄骨造、地上5階、地下5階（駐車場地下2階～5階含む）	2022.1	133,000	※2 41,800	28,317	※2 14,561	6,954	49,833

会社名	名称（所在地）	用途	主たる構造および規模	竣工又は取得年月	建物延床面積（㎡）	土地面積（㎡）	帳簿価額（百万円）			
							建物	土地	その他	合計
② その他										
三井不動産㈱	東京都中央区所在土地	建物建設予定地	―	―	―	2,899	―	15,312	―	15,312

（注）1. 土地には土地および借地権の合計，その他には建物，土地，建設仮勘定以外の有形固定資産の合計を表示しています。

　　　2. ※1. 同建物，土地等は当社グループ（当社および連結子会社）持分換算面積を表示しています。

　　　3. ※2. 同土地には借地権相当の面積および金額を含めて表示しています。

（注） 前表のほか，当社グループ（当社および連結子会社）の賃借している主要な転貸用建物は，次のとおりです。

会社名	名称	所在地	賃借面積（㎡）
三井不動産㈱	東京ミッドタウン八重洲（※1）	東京都中央区	131,383
〃	室町古河三井ビルディング（※1）	〃 〃	36,880
〃	飯田橋グラン・ブルーム（※1）	〃 千代田区	106,566
〃	ガーデンエアタワー	〃 〃	93,224
〃	神保町三井ビルディング（※1）	〃 〃	74,829
〃	新霞が関ビルディング（※1）	〃 〃	31,628
〃	東京ミッドタウン（※1）	〃 港区	281,901
〃	赤坂Ｂｉｚタワー	〃 〃	186,865
〃	msb Tamachi　田町ステーションタワーN（※2）	〃 〃	152,342
〃	虎ノ門ツインビルディング	〃 〃	68,005
〃	六本木ティーキューブ	〃 〃	49,472
〃	ゲートシティ大崎（※1）	〃 品川区	192,442
〃	東京レールゲートEAST	〃 〃	174,405
〃	大崎ブライトタワー（※1）	〃 〃	35,034
〃	大崎ブライトコア	〃 〃	32,598
〃	新宿三井ビルディング	〃 新宿区	179,697
〃	西新宿三井ビルディング（※1）	〃 〃	71,306
〃	中目黒ＧＴタワー	〃 目黒区	42,749
〃	豊洲センタービルアネックス	〃 江東区	105,448
〃	豊洲ＯＮビル	〃 〃	104,077
〃	豊洲センタービル	〃 〃	99,608
〃	豊洲ベイサイドクロスタワー（※1）	〃 〃	90,051
〃	新木場センタービル	〃 〃	36,171
〃	アルカキット錦糸町	〃 墨田区	53,056
〃	ららぽーと立川立飛	〃 立川市	154,117
〃	三井不動産ロジスティクスパーク東名綾瀬（※1）	神奈川県綾瀬市	30,721
〃	イトーヨーカ堂幕張店ビル	千葉県千葉市	52,538
〃	三井ガーデンホテルプラナ東京ベイ	〃 浦安市	40,405
〃	三井不動産ロジスティクスパーク市川塩浜Ⅱ（※1）	〃 市川市	73,530
〃	三井アウトレットパーク入間	埼玉県入間市	98,714
〃	ララガーデン春日部	〃 春日部市	63,340
〃	ららぽーと新三郷	〃 三郷市	142,316
〃	ららぽーと磐田	静岡県磐田市	136,136
〃	中之島三井ビルディング	大阪府大阪市	67,672
〃	信濃橋三井ビルディング（※1）	〃 〃	35,939
〃	ららぽーと和泉（※1）	〃 和泉市	151,697
〃	ＬＯＶＥＬＡ万代	新潟県新潟市	34,575
上海井橋商業管理有限公司	ららぽーと上海金橋	中国上海市	127,395
上海閔三商業管理有限公司	ららステーション上海蓮花路	〃 〃	31,005

（注）1. ※1. 同建物は他社持分を賃借しています。
　　　2. ※2. 同建物は共同賃借人と賃借しています。

(2) その他セグメント

会社名	名称（所在地）	用途	主たる構造および規模	竣工又は取得年月	建物延床面積（㎡）	土地面積（㎡）	帳簿価額（百万円）			
							建物	土地	その他	合計
三井不動産㈱ 三井不動産リゾートマネジメント㈱	ブルガリ ホテル 東京（東京都中央区）	ホテル	（八重洲セントラルタワー）鉄骨造、一部鉄骨鉄筋コンクリート造、一部鉄筋コンクリート造、地上45階、地下4階 ペントハウス2階（うち40階〜45階部分）	2022.8	26,453	1,106	11,887	19,275	967	32,130
三井不動産㈱	綱町三井倶楽部（東京都港区）	迎賓館	床、鉄筋コンクリート造、壁、組石造、地上2階、地下1階	1913.2	5,427	28,563	1,000	23,571	563	25,135
㈱東京ドーム ㈱東京ドームホテル	東京ドームシティ（東京都文京区）	多目的ドーム ホテル 商業施設	‐	2021.1	399,728	※2 131,535	74,644	※2 155,198	11,469	241,312
㈱東京ドーム	ATAMI BAY RESORT KORAKUEN（静岡県熱海市）	ホテル	鉄骨造、一部鉄筋コンクリート造、地上19階	2021.1	44,137	23,575	8,906	1,027	397	10,331
三井不動産㈱ 三井不動産リゾートマネジメント㈱	HOTEL THE MITSUI KYOTO（京都府京都市）	ホテル	鉄骨造、一部鉄骨鉄筋コンクリート造、鉄筋コンクリート造、木造、地上4階、地下1階	2020.11	19,026	7,454	11,666	6,545	2,299	20,511
〃	ハレクラニ沖縄（沖縄県国頭郡）		鉄筋コンクリート造、地上10階	2019.5	40,731	※2 126,746	18,155	※2 3,907	3,549	25,612
三井不動産㈱ ㈱三井不動産ホテルマネジメント	三井ガーデンホテル銀座プレミア 他国内ホテル17ヶ所	〃	‐	‐	※1※2 196,404	※1※2 32,116	37,851	※2 6,627	3,016	47,495
三井不動産㈱ 三井不動産ゴルフプロパティーズ㈱ 大浅間ゴルフ㈱ 臼井開発㈱	三井の森 軽井沢カントリークラブ他6ヶ所	ゴルフ場	‐	‐	32,057	※2 6,896,415	731	※2 1,360	1,889	3,981
MITSUI FUDOSAN AMERICA, INC.（在外子会社）	Halekulani 他海外ホテル1ヶ所	ホテル	‐	‐	77,172	※2 20,927	22,688	※2 3,218	18,125	44,032

（注）1. 土地には土地および借地権の合計，その他には建物，土地，建設仮勘定以外の有形固定資産の合計を表示しています。

2. ※1. 同建物，土地等は当社グループ（当社および連結子会社）持分換算面積を表示しています。

3. ※2. 同土地には借地権相当の面積および金額を含めて表示しています。

3 設備の新設，除却等の計画

重要な設備の新設の計画は以下のとおりです。

（1） 新設 ·····

セグメントの名称	会社名	名称（所在地）	用途	主たる構造および規模	工期	投資予定金額（百万円）※2	
						総額	既支払額
賃貸	台湾三井不動産股份有限公司（在外子会社）	三井ショッピングパークららぽーと台中（台湾台中市）	商業施設	鉄筋コンクリート造、一部鉄骨鉄筋コンクリート造、地上7階、地下1階 延床面積 約197,000㎡	2020.6～2023.1	38,450	27,501
〃	三井不動産㈱	（仮称）Rugby School Japan（千葉県柏市）※1	学校	鉄筋コンクリート造、一部鉄骨造、一部木造、地上4階 延床面積 約28,344㎡	2022.4～2023.7	12,192	3,077
〃	台湾三井不動産股份有限公司（在外子会社）	三井アウトレットパーク台湾林口第二期計画（台湾新北市）	商業施設	鉄筋コンクリート造、地上4階、地下1階 延床面積 約80,070㎡	2021.7～2024.1	17,839	6,264
〃	三井不動産レジデンシャル㈱	パークウェルステイト幕張ベイパーク（千葉県千葉市）	住宅	鉄筋コンクリート造、一部鉄骨造、地上28階 延床面積 約49,596㎡	2021.8～2024.5	24,227	8,740
〃	〃	パークウェルステイト西麻布（東京都港区）	〃	鉄筋コンクリート造、一部鉄骨造、地上36階、地下1階 延床面積 約45,977㎡	2021.5～2024.6	32,271	10,374
〃	〃	パークウェルステイト湘南藤沢SST（神奈川県藤沢市）	〃	鉄筋コンクリート造、一部鉄骨造、地上14階 延床面積 約45,345㎡	2022.4～2024.6	21,221	4,489
〃	台湾三井不動産股份有限公司（在外子会社）	（仮称）三井ショッピングパークららぽーと台湾南港（台湾台北市）	商業施設	鉄筋コンクリート造、一部鉄骨造、地上27階、地下5階 延床面積 約134,600㎡	2019.5～2024.8	11,907	3,110
賃貸その他	三井不動産㈱	日本橋一丁目中地区第一種市街地再開発事業（東京都中央区）	オフィス商業施設ホテル住宅	（A街区）地上4階、地下1階（B街区）地上7階、地下2階（C街区）地上52階、地下5階 延床面積 約380,300㎡	2021.12～2026.3	120,659	15,279

（注）※1. 学校の開設に関する認可を申請中です。

　　　※2. 同投資予定金額は当社グループ（当社および連結子会社）持分換算金額を表示しています。

（2） 改修 ·····

セグメントの名称	会社名	名称（所在地）	用途	主たる構造および規模	工期	投資予定金額（百万円）	
						総額	既支払額
賃貸	三井不動産㈱	三井アウトレットパークマリンピア神戸（兵庫県神戸市）	商業施設	鉄骨造、地上2階 延床面積 約74,000㎡	2023.2～2024.10	19,828	214

提出会社の状況

1 株式等の状況

(1) 株式の総数等 ·······························

① 株式の総数

種類	発行可能株式総数（株）
普通株式	3,290,000,000
計	3,290,000,000

② 発行済株式

種類	事業年度末現在発行数（株） （2023年3月31日） （注1, 2, 3）	提出日現在発行数（株） （2023年6月29日） （注4, 5）	上場金融商品取引所名又は登録 認可金融商品取引業協会名	内容
普通株式	948,451,327	936,566,427	東京証券取引所 （プライム市場）	単元株式数 100株
計	948,451,327	936,566,427	―	―

(注)1. 2022年5月13日開催の取締役会において決議した自己株式の消却により，2022年5月31日付で5,882,600株減少しております。

2. 2022年6月29日開催の取締役会において決議した譲渡制限付株式報酬としての新株式の発行により，2022年7月28日付で261,380株増加しております。

3. 2023年2月10日開催の取締役会において決議した自己株式の消却により，2023年2月28日付で5,401,900株減少しております。

4. 2023年5月10日開催の取締役会において決議した自己株式の消却により，2023年5月31日付で11,884,900株減少しております。

5. 「提出日現在発行数」には，2023年6月1日からこの有価証券報告書提出日までの新株予約権の行使により発行された株式数は含まれておりません。

経理の状況

1. 連結財務諸表および財務諸表の作成方法について ･･････････････････････

(1) 当社の連結財務諸表は、「連結財務諸表の用語、様式及び作成方法に関する規則」（昭和51年大蔵省令第28号）に基づいて作成しています。

(2) 当社の財務諸表は、「財務諸表等の用語、様式及び作成方法に関する規則」（昭和38年大蔵省令第59号。以下「財務諸表等規則」という。）に基づいて作成しています。

　　また、当社は、財務諸表等規則第1条の2に規定する特例財務諸表提出会社に該当し、財務諸表等規則第127条の規定により財務諸表を作成しています。

2. 監査証明について ･･･

　　当社は、金融商品取引法第193条の2第1項の規定に基づき、連結会計年度（2022年4月1日から2023年3月31日まで）の連結財務諸表および事業年度（2022年4月1日から2023年3月31日まで）の財務諸表について、有限責任あずさ監査法人による監査を受けています。

3. 連結財務諸表等の適正性を確保するための特段の取組みについて ･････････

　　当社は、連結財務諸表等の適正性を確保するための特段の取組みを行っています。具体的には、会計基準等の内容を適切に把握し、又は会計基準等の変更について的確に対応することができる体制を整備するため、公益財団法人財務会計基準機構へ加入し、情報収集に努めています。また、公益財団法人財務会計基準機構の行うセミナー等に参加しています。

(1) 連結財務諸表

① 連結貸借対照表

（単位：百万円）

	前連結会計年度 （2022年3月31日）	当連結会計年度 （2023年3月31日）
資産の部		
流動資産		
現金及び預金	※3 146,329	※3 134,355
受取手形、売掛金及び契約資産	※1,※3 61,465	※1,※3 71,220
有価証券	99	131
販売用不動産	※3 1,188,685	※3 1,267,701
仕掛販売用不動産	※3 540,648	※3 566,455
開発用土地	※3 300,080	305,622
未成工事支出金	8,157	9,158
その他の棚卸資産	※2 10,419	※2 10,737
前渡金	22,290	23,855
短期貸付金	16,949	16,890
営業出資金	9,803	9,774
その他	263,752	332,336
貸倒引当金	△810	△731
流動資産合計	2,567,870	2,747,508
固定資産		
有形固定資産		
建物及び構築物	2,347,361	2,700,020
減価償却累計額	△942,718	△1,011,806
建物及び構築物（純額）	※3,※4 1,404,643	※3,※4 1,688,214
機械装置及び運搬具	117,997	141,525
減価償却累計額	△64,417	△72,904
機械装置及び運搬具（純額）	※3,※4 53,579	※3,※4 68,621
土地	※3,※4,※8 2,047,375	※3,※4,※8 2,170,728
建設仮勘定	※3 252,515	102,781
その他	217,174	327,446
減価償却累計額	△133,463	△151,337
その他（純額）	※3,※4 83,711	※3,※4 176,108
有形固定資産合計	3,841,825	4,206,453
無形固定資産		
借地権	34,115	48,339
その他	※4 38,194	※4 38,337
無形固定資産合計	72,310	86,676
投資その他の資産		
投資有価証券	※3,※5,※7 1,217,008	※3,※5,※7 1,258,125
長期貸付金	8,302	8,938
敷金及び保証金	170,859	172,291
退職給付に係る資産	65,082	64,756
繰延税金資産	25,574	25,761
再評価に係る繰延税金資産	※8 15	※8 699
その他	※3 240,228	※3 271,328
貸倒引当金	△1,064	△1,143
投資その他の資産合計	1,726,006	1,800,757
固定資産合計	5,640,141	6,093,888
資産合計	8,208,012	8,841,396

	前連結会計年度 （2022年3月31日）	当連結会計年度 （2023年3月31日）
負債の部		
流動負債		
支払手形及び買掛金	135,097	147,985
短期借入金	299,018	389,750
ノンリコース短期借入金	※3 198,172	※3 234,866
コマーシャル・ペーパー	36,000	78,000
1年内償還予定の社債	86,707	100,000
ノンリコース1年内償還予定の社債	※3 21,700	※3 300
未払法人税等	59,591	41,629
契約負債	141,892	178,190
完成工事補償引当金	744	907
債務保証損失引当金	0	0
その他	298,155	330,212
流動負債合計	1,277,080	1,501,842
固定負債		
社債	652,559	644,819
ノンリコース社債	※3 49,750	※3 85,192
長期借入金	2,043,198	2,159,109
ノンリコース長期借入金	※3 280,127	※3 356,493
受入敷金保証金	443,919	456,582
繰延税金負債	299,398	286,734
再評価に係る繰延税金負債	※8 91,088	※8 91,088
退職給付に係る負債	49,865	45,672
役員退職慰労引当金	775	799
その他	106,497	181,841
固定負債合計	4,017,179	4,308,333
負債合計	5,294,259	5,810,176
純資産の部		
株主資本		
資本金	340,162	340,552
資本剰余金	372,471	366,604
利益剰余金	1,390,511	1,499,572
自己株式	△21,582	△38,354
株主資本合計	2,081,563	2,168,374
その他の包括利益累計額		
その他有価証券評価差額金	471,794	426,950
繰延ヘッジ損益	10,303	16,072
土地再評価差額金	※8 194,159	※8 194,900
為替換算調整勘定	10,430	67,710
退職給付に係る調整累計額	28,222	26,717
その他の包括利益累計額合計	714,910	732,351
新株予約権	1,340	1,291
非支配株主持分	115,938	129,202
純資産合計	2,913,752	3,031,220
負債純資産合計	8,208,012	8,841,396

② 連結損益計算書及び連結包括利益計算書

連結損益計算書

（単位：百万円）

	前連結会計年度 （自　2021年4月1日 　至　2022年3月31日）	当連結会計年度 （自　2022年4月1日 　至　2023年3月31日）
営業収益	※1 2,100,870	※1 2,269,103
営業原価	1,650,428	1,742,424
営業総利益	450,441	526,678
販売費及び一般管理費	※2,※3 205,462	※2,※3 221,273
営業利益	244,978	305,405
営業外収益		
受取利息	1,184	1,487
受取配当金	6,223	6,995
持分法による投資利益	2,161	7,325
その他	9,197	7,717
営業外収益合計	18,767	23,526
営業外費用		
支払利息	31,606	55,457
その他	7,199	8,115
営業外費用合計	38,805	63,573
経常利益	224,940	265,358
特別利益		
固定資産売却益	※4 6,885	－
投資有価証券売却益	51,726	44,077
特別利益合計	58,612	44,077
特別損失		
段階取得に係る差損	－	2,171
固定資産除却損	7,447	8,194
減損損失	※5 9,477	－
投資有価証券評価損	－	3,137
新型コロナウイルス感染症による損失	※6 4,223	－
特別損失合計	21,149	13,504
税金等調整前当期純利益	262,403	295,930
法人税、住民税及び事業税	101,361	90,792
法人税等調整額	△14,712	1,764
法人税等合計	86,649	92,556
当期純利益	175,754	203,374
非支配株主に帰属する当期純利益又は非支配株主に 帰属する当期純損失（△）	△1,231	6,375
親会社株主に帰属する当期純利益	176,986	196,998

連結包括利益計算書

（単位：百万円）

	前連結会計年度 （自　2021年4月1日 至　2022年3月31日）	当連結会計年度 （自　2022年4月1日 至　2023年3月31日）
当期純利益	175,754	203,374
その他の包括利益		
その他有価証券評価差額金	77,188	△44,829
繰延ヘッジ損益	5,197	6,816
土地再評価差額金	―	684
為替換算調整勘定	33,868	41,415
退職給付に係る調整額	6,419	△1,639
持分法適用会社に対する持分相当額	12,234	17,690
その他の包括利益合計	※1 134,909	※1 20,138
包括利益	310,664	223,512
（内訳）		
親会社株主に係る包括利益	310,525	214,382
非支配株主に係る包括利益	139	9,129

③ 連結株主資本等変動計算書

前連結会計年度（自　2021年4月1日　至　2022年3月31日）

（単位：百万円）

	株主資本				
	資本金	資本剰余金	利益剰余金	自己株式	株主資本合計
当期首残高	339,897	372,293	1,259,715	△5,920	1,965,986
会計方針の変更による累積的影響額			1,889		1,889
会計方針の変更を反映した当期首残高	339,897	372,293	1,261,605	△5,920	1,967,875
当期変動額					
譲渡制限付株式報酬	265	265			531
剰余金の配当			△42,339		△42,339
親会社株主に帰属する当期純利益			176,986		176,986
土地再評価差額金の取崩			8,527		8,527
自己株式の取得				△30,013	△30,013
自己株式の処分		△8		92	83
自己株式の消却		△14,259		14,259	－
非支配株主との取引に係る親会社の持分変動		△87			△87
非支配株主との資本取引等					－
利益剰余金から資本剰余金への振替		14,267	△14,267		－
株主資本以外の項目の当期変動額（純額）					－
当期変動額合計	265	177	128,906	△15,662	113,687
当期末残高	340,162	372,471	1,390,511	△21,582	2,081,563

	その他の包括利益累計額						新株予約権	非支配株主持分	純資産合計
	その他有価証券評価差額金	繰延ヘッジ損益	土地再評価差額金	為替換算調整勘定	退職給付に係る調整累計額	その他の包括利益累計額合計			
当期首残高	394,873	5,165	202,686	△34,524	21,697	589,898	1,422	98,683	2,655,991
会計方針の変更による累積的影響額									1,889
会計方針の変更を反映した当期首残高	394,873	5,165	202,686	△34,524	21,697	589,898	1,422	98,683	2,657,880
当期変動額									
譲渡制限付株式報酬									531
剰余金の配当									△42,339
親会社株主に帰属する当期純利益									176,986
土地再評価差額金の取崩									8,527
自己株式の取得									△30,013
自己株式の処分									83
自己株式の消却									－
非支配株主との取引に係る親会社の持分変動									△87
非支配株主との資本取引等									－
利益剰余金から資本剰余金への振替									
株主資本以外の項目の当期変動額（純額）	76,921	5,137	△8,527	44,955	6,524	125,011	△82	17,255	142,184
当期変動額合計	76,921	5,137	△8,527	44,955	6,524	125,011	△82	17,255	255,872
当期末残高	471,794	10,303	194,159	10,430	28,222	714,910	1,340	115,938	2,913,752

当連結会計年度（自　2022年4月1日　至　2023年3月31日）

（単位：百万円）

	株主資本				
	資本金	資本剰余金	利益剰余金	自己株式	株主資本合計
当期首残高	340,162	372,471	1,390,511	△21,582	2,081,563
会計方針の変更による累積的影響額			174		174
会計方針の変更を反映した当期首残高	340,162	372,471	1,390,685	△21,582	2,081,737
当期変動額					
譲渡制限付株式報酬	389	389			779
剰余金の配当			△59,867		△59,867
親会社株主に帰属する当期純利益			196,998		196,998
土地再評価差額金の取崩			△57		△57
自己株式の取得				△45,010	△45,010
自己株式の処分		△20		71	50
自己株式の消却		△28,166		28,166	－
非支配株主との取引に係る親会社の持分変動		8			8
非支配株主との資本取引等		△6,265			△6,265
利益剰余金から資本剰余金への振替		28,187	△28,187		－
株主資本以外の項目の当期変動額（純額）					－
当期変動額合計	389	△5,867	108,886	△16,772	86,636
当期末残高	340,552	366,604	1,499,572	△38,354	2,168,374

	その他の包括利益累計額						新株予約権	非支配株主持分	純資産合計
	その他有価証券評価差額金	繰延ヘッジ損益	土地再評価差額金	為替換算調整勘定	退職給付に係る調整累計額	その他の包括利益累計額合計			
当期首残高	471,794	10,303	194,159	10,430	28,222	714,910	1,340	115,938	2,913,752
会計方針の変更による累積的影響額									174
会計方針の変更を反映した当期首残高	471,794	10,303	194,159	10,430	28,222	714,910	1,340	115,938	2,913,926
当期変動額									
譲渡制限付株式報酬									779
剰余金の配当									△59,867
親会社株主に帰属する当期純利益									196,998
土地再評価差額金の取崩									△57
自己株式の取得									△45,010
自己株式の処分									50
自己株式の消却									－
非支配株主との取引に係る親会社の持分変動									8
非支配株主との資本取引等									△6,265
利益剰余金から資本剰余金への振替									－
株主資本以外の項目の当期変動額（純額）	△44,844	5,769	741	57,279	△1,505	17,441	△48	13,264	30,656
当期変動額合計	△44,844	5,769	741	57,279	△1,505	17,441	△48	13,264	117,293
当期末残高	426,950	16,072	194,900	67,710	26,717	732,351	1,291	129,202	3,031,220

④ 連結キャッシュ・フロー計算書

（単位：百万円）

	前連結会計年度 （自　2021年4月1日 至　2022年3月31日）	当連結会計年度 （自　2022年4月1日 至　2023年3月31日）
営業活動によるキャッシュ・フロー		
税金等調整前当期純利益	262,403	295,930
減価償却費	111,500	125,298
減損損失	9,477	—
受取利息及び受取配当金	△7,408	△8,483
支払利息	31,606	55,457
持分法による投資損益（△は益）	△2,161	△7,325
段階取得に係る差損益（△は益）	—	2,171
投資有価証券売却損益（△は益）	△51,726	△44,077
投資有価証券評価損益（△は益）	—	3,137
固定資産売却益	△6,885	—
固定資産除却損	7,447	8,194
新型コロナウイルス感染症による損失	4,223	—
売上債権及び契約資産の増減額（△は増加）	△13,692	△9,246
仕入債務の増減額（△は減少）	8,367	8,474
販売用不動産の増減額（△は増加）	※2 △26,383	※2 △169
その他	58,632	17,970
小計	385,401	447,335
利息及び配当金の受取額	10,468	14,234
利息の支払額	△31,441	△54,060
新型コロナウイルス感染症による損失の支払額	△2,871	—
法人税等の支払額又は還付額（△は支払）	△90,086	△109,800
営業活動によるキャッシュ・フロー	271,469	297,708
投資活動によるキャッシュ・フロー		
有形及び無形固定資産の取得による支出	△241,567	△362,744
有形及び無形固定資産の売却による収入	57,158	12,242
投資有価証券の取得による支出	△64,112	△94,803
投資有価証券の売却による収入	72,680	50,599
敷金及び保証金の差入による支出	△18,202	△17,763
敷金及び保証金の回収による収入	9,554	16,582
預り敷金保証金の返還による支出	△38,365	△39,826
預り敷金保証金の受入による収入	46,002	51,781
貸付けによる支出	△18,474	△15,949
貸付金の回収による収入	17,969	17,954
定期預金の預入による支出	△2,858	△1,354
定期預金の払戻による収入	1,277	3,140
連結の範囲の変更を伴う子会社株式の取得による支出	—	△6,767
その他	△31,118	△35,126
投資活動によるキャッシュ・フロー	△210,057	△422,034

	前連結会計年度 （自　2021年4月1日 至　2022年3月31日）	当連結会計年度 （自　2022年4月1日 至　2023年3月31日）
財務活動によるキャッシュ・フロー		
短期借入れによる収入	1,598,897	1,845,997
短期借入金の返済による支出	△1,583,384	△1,791,248
長期借入れによる収入	288,752	518,036
長期借入金の返済による支出	△318,271	△340,902
社債の発行による収入	42,602	118,840
社債の償還による支出	△101,035	△114,394
配当金の支払額	△42,331	△59,853
非支配株主からの払込みによる収入	7,871	8,359
非支配株主への配当金の支払額	△3,509	△10,907
非支配株主への払戻による支出	△2	△1,741
非支配株主との資本取引による支出	―	△6,265
ファイナンス・リース債務の返済による支出	△4,994	△10,125
自己株式の増減額（△は増加）	△30,012	△45,008
連結の範囲の変更を伴わない子会社株式の取得による支出	△18,288	―
連結の範囲の変更を伴わない子会社株式の売却による収入	24,105	663
財務活動によるキャッシュ・フロー	△139,600	111,448
現金及び現金同等物に係る換算差額	33,147	4,997
現金及び現金同等物の増減額（△は減少）	△45,041	△7,880
現金及び現金同等物の期首残高	187,723	142,682
連結除外に伴う現金及び現金同等物の減少額	―	△2,490
現金及び現金同等物の期末残高	※1 142,682	※1 132,310

【注記事項】

（連結財務諸表作成のための基本となる重要な事項）

1．連結の範囲に関する事項 ……………………………………………………

（1）　連結子会社数　　300社

主要な会社名

　　三井不動産レジデンシャル（株），三井不動産リアルティ（株），三井ホーム（株），（株）東京ドーム，MFA Holding, Inc.

新規　22社

　　レジデントインシュアランス少額短期保険（株）ほか18社は，新規設立により，連結子会社となりました。ほか3社は，持分の取得等により，連結子会社となりました。

除外　8社

　　三井不動産諮詢（広州）有限公司ほか7社は，清算結了等により，連結の

範囲から除外しています。
(2) 非連結子会社の名称等
主要な会社名

(株)アタミ・ロープウエイ

非連結子会社はいずれも小規模であり，各社の総資産，売上高，当期純損益（持分に見合う額）及び利益剰余金（持分に見合う額）等は，連結財務諸表に重要な影響を及ぼさないため，連結の範囲から除外しています。

2. 持分法の適用に関する事項
(1) 持分法適用会社数
関連会社　　93社

主要な会社名

(株)帝国ホテル，TID PTE.LTD.

新規　17社

秩父宮ラグビー場(株)ほか1社は，新規設立により，持分法適用関連会社となりました。ほか15社は，持分の取得等により，持分法適用関連会社となりました。

除外　5社

KCB TRADING Sdn. Bhd. ほか4社は，持分の売却等により，持分法適用の範囲から除外しています。

(2) 持分法を適用していない非連結子会社及び関連会社の名称等
持分法を適用していない非連結子会社及び関連会社　　7社

主要な会社名

(株)アタミ・ロープウエイ

持分法非適用会社はいずれも当期純損益（持分に見合う額）及び利益剰余金（持分に見合う額）等からみて，持分法の対象から除いても連結財務諸表に及ぼす影響が軽微であり，かつ重要性がないため持分法の適用範囲から除外しています。

(3) 持分法適用会社のうち，決算日が連結決算日と異なる会社については，各社の事業年度に係る財務諸表を使用しています。

3. 連結子会社の事業年度等に関する事項

連結子会社のうち在外連結子会社190社と成田スポーツ開発（株），大浅間ゴルフ（株），（株）三井の森，三井不動産ゴルフプロパティーズ（株），（株）NBFオフィスマネジメント，および臼津開発（株）ほか4社の決算日は12月31日，ジーシックス特定目的会社ほか20社の決算日は2月28日です。

連結子会社のうち1社の決算日は8月31日であり2月28日で実施した仮決算に基づく決算数値により連結しています。

連結財務諸表の作成にあたっては，各社の決算日の財務諸表を使用していますが，連結決算日との間に生じた重要な取引については連結上必要な調整が行なわれています。

他の連結子会社の決算日はすべて連結決算日と同一です。

従来，連結子会社のうち決算日が1月31日である（株）東京ドームほか9社については，各社の決算日の財務諸表を使用し，連結決算日との間に生じた重要な取引については連結上必要な調整を行っていましたが，当連結会計年度より決算日を3月31日に変更しております。この決算期変更に伴い，当連結会計年度において2022年2月1日から2023年3月31日までの14か月間を連結しております。なお，この変更による当連結会計年度の連結財務諸表に与える影響は軽微であります。

4. 会計方針に関する事項

（1） 重要な資産の評価基準および評価方法

［有価証券］

・満期保有目的債券

償却原価法

・その他有価証券

＜市場価格のない株式等以外のもの＞

時価法

評価差額は全部純資産直入法により処理し，売却原価は移動平均法により算定しています。

＜市場価格のない株式等＞

　　　移動平均法による原価法

　［デリバティブ］

　　　時価法

　［棚卸資産］

　　　・販売用不動産，仕掛販売用不動産，開発用土地および未成工事支出金

　　　　個別法による原価法

　　　　（貸借対照表価額は収益性の低下に基づく簿価切下げの方法により算定）

　　　・その他の棚卸資産

　　　　主として総平均法による原価法

　　　　（貸借対照表価額は収益性の低下に基づく簿価切下げの方法により算定）

(2)　重要な減価償却資産の減価償却の方法

　［有形固定資産］（リース資産を除く）

　　　主として定率法によっています。

　　　ただし，連結財務諸表提出会社のオフィス用建物（建物附属設備を除く），

　　1998年4月1日以降取得の商業用，住宅用およびその他の建物（建物附属

　　設備を除く），2016年4月1日以降に取得した建物附属設備及び構築物につ

　　いて，定額法を採用しています。また，国内連結子会社の1998年4月1日

　　以降取得建物（建物附属設備を除く），2016年4月1日以降に取得した建物

　　附属設備及び構築物，および在外連結子会社は定率法を採用しています。

　　　なお，事業用定期借地権を設定して賃借した土地にある建物等については，

　　残存価額を0円として使用期限等を耐用年数とした定額法を採用しています。

　［無形固定資産］（リース資産を除く）

　　　定額法を採用しています。

　　　ただし，自社利用のソフトウエアについては，社内における利用可能期間

　　（5年）に基づく定額法を採用しています。

　［リース資産］

　　　所有権移転外ファイナンス・リース取引に係るリース資産は，リース期間

　　を耐用年数とし，残存価額を0円とする定額法によっています。

なお，所有権移転外ファイナンス・リース取引のうち，リース取引開始日が2008年3月31日以前のリース取引については，通常の賃貸借取引に係る方法に準じた会計処理によっています。

(3) 重要な引当金の計上基準

［貸倒引当金］

売掛金，貸付金等の貸倒れによる損失に備えるため，一般債権については貸倒実績率により，貸倒懸念債権等特定の債権については個別に回収可能性を検討し，回収不能見込額を計上しています。

［債務保証損失引当金］

債務保証等による損失に備えるため，被保証先の財政状態等を勘案して，損失負担見込額を計上しています。

［完成工事補償引当金］

主として引渡し物件の補修工事費の支出に備えるため，過年度補修実績率に基づく見積補修額を計上しています。

［役員退職慰労引当金］

連結財務諸表提出会社ほか29社は役員の退職慰労金支給に備えるため，内規に基づく期末退職慰労金要支給額を計上しています。

(4) 退職給付に係る会計処理の方法

① 退職給付見込額の期間帰属方法

退職給付債務の算定にあたり，退職給付見込額を当連結会計年度末までの期間に帰属させる方法については，給付算定式基準によっています。

② 数理計算上の差異及び過去勤務費用の費用処理方法

過去勤務費用は，その発生時の従業員の平均残存勤務期間内の一定の年数（1～10年）による定額法により費用処理することとしています。

数理計算上の差異は，各連結会計年度の発生時における従業員の平均残存勤務期間内の一定の年数（5～10年）による定額法により按分した額をそれぞれ発生の翌連結会計年度から費用処理することとしています。

③ 小規模企業等における簡便法の採用

一部の連結子会社は，退職給付に係る負債及び退職給付費用の計算に，退

職給付に係る期末自己都合要支給額を退職給付債務とする方法を用いた簡便法を適用しています。

(5) 重要な収益及び費用の計上基準

当社グループの顧客との契約から生じる収益に関する主要な事業における主な履行義務の内容及び当該履行義務を充足する通常の時点（収益を認識する通常の時点）は以下のとおりであります。

① 一時点で充足される履行義務

分譲事業は顧客との不動産売買契約に基づき当該物件の引渡し義務を負っております。また、マネジメント事業のうち、不動産の仲介事業は顧客との媒介契約に基づき当該物件の契約成立及び引渡しに関する義務を負っております。当該履行義務は物件が引き渡される一時点で充足されるものであり、当該引渡し時点において収益を計上しております。

その他の事業のうち、施設営業事業等は顧客との契約に基づき宿泊サービスを提供するためのホテルやリゾート施設等の営業を、東京ドーム事業は娯楽やサービスを提供するための施設等の営業を行っています。これらの事業における履行義務はいずれも主に顧客に対して施設営業等によるサービスを提供し、顧客が施設利用による便益を享受した時点で充足されるものであり、当該時点で収益を認識しております。

② 一定期間で充足される履行義務

マネジメント事業のうち、プロパティマネジメント事業は不動産の管理・清掃・保守業務等を顧客との契約に基づき履行する義務を負っており、サービスに対する支配を契約期間にわたり顧客に移転するため、顧客との契約における履行義務の充足に従い、主に一定期間にわたり収益を認識しております。

その他の事業のうち、新築請負事業は、顧客との建物請負工事契約に基づき、建築工事を行う義務を負っており、契約期間にわたる工事の進捗に応じて充足されるため、主に工事の進捗度に応じて収益を計上しております。なお、進捗度は、見積総原価に対する発生原価の割合で測定しております。

また、いずれの事業においても対価は通常、履行義務の充足から概ね1年以内に回収しており、重要な金融要素は含んでおりません。

なお，オフィスビルや商業施設等の賃貸事業の収益認識に関しては「リース取引に関する会計基準」（企業会計基準第13号 2007年3月30日）等に基づき収益を認識しております。

（6）　重要なヘッジ会計の方法

① ヘッジ会計の方法

　繰延ヘッジ処理を採用しています。なお，為替予約については振当処理の要件を満たしている場合は振当処理を，金利スワップについては特例処理の要件を満たしている場合は特例処理を採用しています。

② 主なヘッジ手段とヘッジ対象

　＜ヘッジ手段＞　＜ヘッジ対象＞

　為替予約　　　　外貨建予定取引

　通貨スワップ　　外貨建借入金

　金利スワップ　　借入金

③ ヘッジ方針

　金利変動による，借入金の時価変動リスクおよびキャッシュ・フロー変動リスクをヘッジする目的で金利スワップを行っています。また，各社の主要決済通貨と異なる通貨での借入については，上記目的に加え為替変動リスクをヘッジするために通貨スワップを行っています。また，将来実現確実な取引において各社の主要決済通貨と異なる通貨での決済が予定されている場合には，為替変動リスクをヘッジするため為替予約を行っています。

　上記のヘッジ関係のうち，「LIBOR を参照する金融商品に関するヘッジ会計の取扱い」（改正実務対応報告第40号　2022年3月17日）の適用範囲に含まれるヘッジ関係のすべてに，当該改正実務対応報告に定められる特例的な取扱いを適用しております。当該改正実務対応報告を適用しているヘッジ関係の内容は，以下のとおりであります。

　ヘッジ会計の方法…特例処理によっております。

　ヘッジ手段…金利スワップ

　ヘッジ対象…借入金

　ヘッジ取引の種類…キャッシュ・フローを固定するもの

④　ヘッジ有効性評価の方法

　　ヘッジ開始時から有効性判定時点までの期間において，ヘッジ対象とヘッジ手段の相場変動又はキャッシュ・フローの変動の累計を比較し，両者の変動額等を基礎にして判断しております。ただし，特例処理によっている金利スワップについては，有効性の判定を省略しております。

(7)　消費税等の会計処理

　控除対象外消費税等は，固定資産等に係るものは投資その他の資産の「その他」に計上し（5年償却），それ以外は発生年度の費用として処理しています。

(8)　のれんの償却方法および償却期間

　のれんの償却に関しては原則として5年間の均等償却を行っています。ただし，金額が僅少の場合は，発生年度の費用として処理しています。

(9)　連結キャッシュ・フロー計算書における資金の範囲

　連結キャッシュ・フロー計算書における資金（現金及び現金同等物）は，手元現金，随時引き出し可能な預金および容易に換金可能であり，かつ，価値の変動について僅少なリスクしか負わない取得日から3ヶ月以内に償還期限の到来する短期投資からなります。

(10)　その他連結財務諸表作成のための重要な事項

　在外子会社及び在外関連会社における会計方針に関する事項

　「連結財務諸表作成における在外子会社等の会計処理に関する当面の取扱い」（実務対応報告第18号　2019年6月28日）及び「持分法適用関連会社の会計処理に関する当面の取扱い」（実務対応報告第24号　2018年9月14日）を適用し，在外子会社及び在外関連会社に対して連結決算上必要な調整を行っております。

（重要な会計上の見積り）

1. 固定資産の減損

(1) 当連結会計年度の連結財務諸表に計上した金額

（単位：百万円）

	前連結会計年度	当連結会計年度
有形固定資産合計	3,841,825	4,206,453
無形固定資産合計	72,310	86,676
減損損失	9,477	―

(2) 識別した項目に係る重要な会計上の見積りの内容に関する情報

① (1)に記載した金額の算出方法

当社グループは，固定資産の減損に係る会計基準に従い，収益性の低下により投資額の回収が見込めなくなった固定資産の帳簿価額を，回収可能価額まで減額する会計処理を適用しております。

会計処理の適用に当たっては，継続的な営業赤字，市場価格の著しい下落，経営環境の著しい悪化及び用途変更等によって減損の兆候がある場合に減損損失の認識の要否を検討しております。減損損失を認識するかどうかの検討には将来キャッシュ・フローの見積金額を用いており，減損損失の認識が必要と判断された場合には，帳簿価額が回収可能価額を上回る金額を減損損失として計上しております。なお，回収可能価額は正味売却価額又は使用価値のいずれか高い金額によって決定しております。

② 重要な会計上の見積りに用いた主要な仮定

将来キャッシュ・フローの算定にあたっては，その前提となる賃料，空室率，賃貸費用等について，市場の動向，類似不動産の取引事例，過去の実績等を総合的に勘案の上決定しております。使用価値を算定する場合の割引率については，類似の取引事例や金利推移等を踏まえ決定しております。正味売却価額については，周辺の取引事例，物件の性能，立地等に基づき適切と考えられる金額を設定しております。

③ 重要な会計上の見積りが当連結会計年度の翌連結会計年度の連結財務諸表に与える影響

当該主要な仮定は連結財務諸表作成時点における最善の見積りに基づき決定

しておりますが，見積りと将来の結果が異なる可能性があります。すなわち，経済環境の悪化等に伴う賃料の低下及び空室率の上昇，想定外の追加コストが発生すること等による賃貸費用の悪化，市場金利の変動に伴う割引率の上昇等により，将来キャッシュ・フロー及び使用価値の算定に重要な影響を及ぼす可能性があります。また，周辺環境の変化に伴う立地条件の悪化等により，正味売却価額の算定に重要な影響を及ぼす可能性があります。

2. 販売用不動産の評価

(1) 当連結会計年度の連結財務諸表に計上した金額

（単位：百万円）

	前連結会計年度	当連結会計年度
販売用不動産	1,188,685	1,267,701
仕掛販売用不動産	540,648	566,455
開発用土地	300,080	305,622
販売用不動産評価損	2,277	4,753

(2) 識別した項目に係る重要な会計上の見積りの内容に関する情報

① (1)に記載した金額の算出方法

当社グループは，棚卸資産の評価に関する会計基準に従い，収益性の低下により正味売却価額が帳簿価額を下回っている販売用不動産の帳簿価額を，正味売却価額まで切り下げる会計処理を適用しております。会計処理の適用に当たっては，個別物件ごとに売価及び見積り追加コストに含まれる開発コストの見積りを行ったうえで正味売却価額を算定しており，正味売却価額が帳簿価額を下回った場合に，帳簿価額を正味売却価額まで切り下げて評価損を計上しております。

② 重要な会計上の見積りに用いた主要な仮定

正味売却価額の算定に当たり，投資家向け分譲については，賃料，空室率，賃貸費用等に関し，市場の動向，類似不動産の取引事例，過去の実績等を総合的に勘案の上決定しております。割引率については，類似の取引事例や金利推移等を踏まえ決定しております。住宅分譲については，直近の販売実績や市場の動向等を踏まえた上で決定しております。また必要に応じて，不動産鑑定士による不動産鑑定評価を取得しております。

③　重要な会計上の見積りが当連結会計年度の翌連結会計年度の連結財務諸表に与える影響

　　当該主要な仮定は連結財務諸表作成時点における最善の見積りに基づき決定しておりますが，見積りと将来の結果が異なる可能性があります。すなわち，経済環境の悪化等に伴う賃料の低下及び空室率の上昇，想定外の追加コストが発生すること等による賃貸費用の悪化，市場金利の変動に伴う割引率の上昇，住宅販売市況の悪化に伴う販売価格の低下等により，正味売却価額の算定に重要な影響を及ぼす可能性があります。

（会計方針の変更）
（時価の算定に関する会計基準の適用指針の適用）
　「時価の算定に関する会計基準の適用指針」（企業会計基準適用指針第31号2021年6月17日。以下「時価算定会計基準適用指針」という。）を当連結会計年度の期首から適用し，時価算定会計基準適用指針第27－2項に定める経過的な取扱いに従って，時価算定会計基準適用指針が定める新たな会計方針を将来にわたって適用することとしました。
　なお，この変更による連結財務諸表に与える影響は軽微であります。
　また，「金融商品関係」注記の金融商品の時価のレベルごとの内訳等に関する事項における投資信託に関する注記事項においては，時価算定基準適用指針第27－3項に従って，前連結会計年度に係るものについては記載しておりません。

（米国財務会計基準審議会会計基準編纂書（ASC）第842号「リース」の適用）
　米国会計基準を採用している一部の在外子会社は，ASC第842号「リース」を当連結会計年度より適用しております。これにより，当該在外子会社における借手のリース取引については，原則としてすべてのリースを連結貸借対照表に資産および負債として計上することとしました。当該会計基準の適用に当たっては，経過措置として認められている，当該会計基準の適用による累積的影響額を適用開始日に認識する方法を採用しております。
　なお，この変更による連結財務諸表に与える影響は軽微であります。

（未適用の会計基準等）

・「電子記録移転有価証券表示権利等の発行及び保有の会計処理及び開示に関する取扱い」（実務対応報告第43号　2022年8月26日　企業会計基準委員会）

（1）　概要

　2019年5月に成立した「情報通信技術の進展に伴う金融取引の多様化に対応するための資金決済に関する法律等の一部を改正する法律」（令和元年法律第28号）により，金融商品取引法が改正され，いわゆる投資性ICO（Initial Coin Offering。企業等がトークン（電子的な記録・記号）を発行して，投資家から資金調達を行う行為の総称）は金融商品取引法の規制対象とされ，各種規定の整備が行われたことを踏まえ，「金融商品取引業等に関する内閣府令」における電子記録移転有価証券表示権利等の発行・保有等に係る会計上の取扱いを明らかにすることを目的として企業会計基準委員会から公表されたものです。

（2）　適用予定日

　2024年3月期の期首から適用します。

（3）　当該会計基準等の適用による影響

　「電子記録移転有価証券表示権利等の発行及び保有の会計処理及び開示に関する取扱い」の適用による連結財務諸表に与える影響額については，現時点で評価中であります。

・「法人税，住民税及び事業税等に関する会計基準」（企業会計基準第27号　2022年10月28日　企業会計基準委員会）

・「包括利益の表示に関する会計基準」（企業会計基準第25号　2022年10月28日　企業会計基準委員会）

・「税効果会計に係る会計基準の適用指針」（企業会計基準適用指針第28号　2022年10月28日　企業会計基準委員会）

（1）　概要

　2018年2月に企業会計基準第28号「『税効果会計に係る会計基準』の一部改正」等（以下「企業会計基準第28号等」）が公表され，日本公認会計士協会における税効果会計に関する実務指針の企業会計基準委員会への移管が完了されましたが，その審議の過程で，次の2つの論点について，企業会計基準第

28号等の公表後に改めて検討を行うこととされていたものが，審議され，公表されたものであります。

- ・税金費用の計上区分（その他の包括利益に対する課税）
- ・グループ法人税制が適用される場合の子会社株式等（子会社株式又は関連会社株式）の売却に係る税効果

(2)　適用予定日

2025年3月期の期首から適用します。

(3)　当該会計基準等の適用による影響

「法人税，住民税及び事業税等に関する会計基準」等の適用による連結財務諸表に与える影響額については，現時点で評価中であります。

（表示方法の変更）

（連結損益計算書）

前連結会計年度において，独立掲記していた「営業外収益」の「補助金収入」は，金額的重要性が乏しくなったため，当連結会計年度より「その他」に含めて表示しております。この表示方法の変更を反映させるため，前連結会計年度の連結財務諸表の組替えを行っております。

この結果，前連結会計年度の連結損益計算書において，「営業外収益」の「補助金収入」に表示していた5,485百万円は，「その他」として組み替えております。

（連結キャッシュ・フロー計算書）

前連結会計年度において，独立掲記していた「営業活動によるキャッシュ・フロー」の「補助金収入」および「補助金の受取額」は，金額的重要性が乏しくなったため，当連結会計年度より「その他」に含めて表示しております。この表示方法の変更を反映させるため，前連結会計年度の連結財務諸表の組替えを行っております。

この結果，前連結会計年度の連結キャッシュ・フロー計算書において，「営業活動によるキャッシュ・フロー」の「補助金収入」△5,485百万円，「補助金の受取額」4,754百万円は，「営業活動によるキャッシュ・フロー」の「その他」として組み替えております。

2 財務諸表等

（1） 財務諸表 ・・・

① 貸借対照表

（単位：百万円）

	前事業年度 （2022年3月31日）	当事業年度 （2023年3月31日）
資産の部		
流動資産		
現金及び預金	12,233	19,243
売掛金及び契約資産	7,949	13,318
販売用不動産	473,256	467,247
仕掛販売用不動産	44,983	65,879
開発用土地	107,317	71,790
前渡金	2,330	4,658
前払費用	7,432	7,933
短期貸付金	539,745	507,280
未収入金	26,637	41,392
営業出資金	8,087	8,064
その他	24,495	26,246
貸倒引当金	△11,253	△10,898
流動資産合計	1,243,213	1,222,156
固定資産		
有形固定資産		
建物	※1,※4 879,602	※1,※4 945,912
構築物	※1,※4 30,984	※1,※4 33,014
機械及び装置	※1,※4 17,328	※1,※4 16,820
車両運搬具	103	117
工具、器具及び備品	※1,※4 24,737	※1,※4 25,989
土地	※1,※4 1,494,597	※1,※4 1,594,138
建設仮勘定	71,875	36,141
その他	4,131	3,054
有形固定資産合計	2,523,360	2,655,188
無形固定資産		
借地権	16,703	15,970
ソフトウエア	※1 14,231	※1 12,514
その他	1,994	5,218
無形固定資産合計	32,930	33,702
投資その他の資産		
投資有価証券	※4,※5 840,744	※4,※5 776,005
関係会社株式	※4 636,805	※4 640,926
関係会社社債	※4 8,971	※4 8,983
その他の関係会社有価証券	14,782	15,825
関係会社出資金	95,846	105,983
関係会社長期貸付金	750,456	880,296
破産更生債権等	10	10
長期前払費用	44,317	43,232
前払年金費用	16,933	23,450
敷金及び保証金	150,318	151,369
その他	24,605	33,790
貸倒引当金	△3,207	△5,536
投資その他の資産合計	2,580,583	2,674,338
固定資産合計	5,136,873	5,363,229
資産合計	6,380,086	6,585,385

	前事業年度 （2022年3月31日）	当事業年度 （2023年3月31日）
負債の部		
流動負債		
買掛金	57,665	68,833
短期借入金	60,000	44,888
コマーシャル・ペーパー	36,000	78,000
1年内償還予定の社債	86,707	100,000
1年内返済予定の長期借入金	123,292	154,583
リース債務	1,018	1,013
未払金	37,164	25,172
未払費用	10,759	11,502
未払法人税等	35,113	10,542
契約負債	34,016	31,667
預り金	292,116	322,224
その他	10,665	11,249
流動負債合計	784,519	859,677
固定負債		
社債	652,559	644,819
長期借入金	1,844,188	1,986,001
受入敷金保証金	425,815	435,659
リース債務	3,293	2,244
繰延税金負債	218,455	200,607
再評価に係る繰延税金負債	91,088	91,088
退職給付引当金	4,627	4,779
役員退職慰労引当金	282	282
その他	15,089	14,053
固定負債合計	3,255,400	3,379,536
負債合計	4,039,920	4,239,213
純資産の部		
株主資本		
資本金	340,162	340,552
資本剰余金		
資本準備金	414,138	414,528
資本剰余金合計	414,138	414,528
利益剰余金		
利益準備金	13,688	13,688
その他利益剰余金		
代替資産積立金	104,699	101,988
オープンイノベーション促進税制積立金	212	445
別途積立金	16,790	16,790
特別償却準備金	4,543	5,370
繰越利益剰余金	787,156	850,670
利益剰余金合計	927,091	988,954
自己株式	△21,568	△38,340
株主資本合計	1,659,824	1,705,695
評価・換算差額等		
その他有価証券評価差額金	466,350	421,811
繰延ヘッジ損益	9,962	14,628
土地再評価差額金	202,687	202,744
評価・換算差額等合計	679,001	639,185
新株予約権	1,340	1,291
純資産合計	2,340,166	2,346,172
負債純資産合計	6,380,086	6,585,385

② 損益計算書

（単位：百万円）

	前事業年度 （自 2021年4月1日 至 2022年3月31日）	当事業年度 （自 2022年4月1日 至 2023年3月31日）
営業収益	883,794	831,505
営業原価	704,004	660,470
営業総利益	179,789	171,034
販売費及び一般管理費	※2 48,293	※2 45,394
営業利益	131,496	125,640
営業外収益		
受取利息	12,842	18,144
受取配当金	44,264	51,820
その他	5,360	2,222
営業外収益合計	62,467	72,186
営業外費用		
支払利息	24,870	29,670
その他	9,623	8,015
営業外費用合計	34,494	37,686
経常利益	159,468	160,141
特別利益		
固定資産売却益	※3 6,682	―
投資有価証券売却益	49,345	44,029
特別利益合計	56,027	44,029
特別損失		
固定資産除却損	5,876	5,310
投資有価証券評価損	―	2,396
新型コロナウイルス感染症による損失	※4 2,802	―
特別損失合計	8,679	7,706
税引前当期純利益	206,817	196,464
法人税、住民税及び事業税	66,239	46,756
法人税等調整額	△11,669	△267
法人税等合計	54,569	46,489
当期純利益	152,247	149,975

営業原価内訳

区分	注記 番号	前事業年度 （自 2021年4月1日 至 2022年3月31日）		当事業年度 （自 2022年4月1日 至 2023年3月31日）	
		金額（百万円）	構成比 (%)	金額（百万円）	構成比 (%)
直接原価		282,017	40.1	190,258	28.8
人件費		21,226	3.0	21,492	3.3
諸経費		400,761	56.9	448,719	67.9
計		704,004	100.0	660,470	100.0

③ 株主資本等変動計算書

前事業年度（自　2021年4月1日　至　2022年3月31日）

（単位：百万円）

	株主資本										
	資本金	資本剰余金			利益剰余金						
		資本準備金	その他資本剰余金	資本剰余金合計	利益準備金	その他利益剰余金					利益剰余金合計
						代替資産積立金	オープンイノベーション促進税制積立金	別途積立金	特別償却準備金	繰越利益剰余金	
当期首残高	339,897	413,873	—	413,873	13,688	111,434	98	16,790	4,623	676,321	822,958
当期変動額											
譲渡制限付株式報酬	265	265		265							
剰余金の配当										△42,339	△42,339
当期純利益										152,247	152,247
土地再評価差額金の取崩										8,492	8,492
代替資産積立金の取崩						△6,904				6,904	—
代替資産積立金の積立						169				△169	
オープンイノベーション促進税制積立金の積立							113			△113	—
特別償却準備金の取崩									△1,936	1,936	—
特別償却準備金の積立									1,856	△1,856	—
自己株式の取得											
自己株式の処分			△8	△8							
自己株式の消却			△14,259	△14,259							
利益剰余金から資本剰余金への振替			14,267	14,267						△14,267	△14,267
株主資本以外の項目の当期変動額（純額）											
当期変動額合計	265	265	—	265	—	△6,735	113	—	△80	110,834	104,132
当期末残高	340,162	414,138	—	414,138	13,688	104,699	212	16,790	4,543	787,156	927,091

| | 株主資本 | | 評価・換算差額等 | | | | 新株予約権 | 純資産合計 |
	自己株式	株主資本合計	その他有価証券評価差額金	繰延ヘッジ損益	土地再評価差額金	評価・換算差額等合計		
当期首残高	△5,906	1,570,822	389,401	5,250	211,180	605,832	1,422	2,178,077
当期変動額								
譲渡制限付株式報酬		531						531
剰余金の配当		△42,339						△42,339
当期純利益		152,247						152,247
土地再評価差額金の取崩		8,492						8,492
代替資産積立金の取崩		—						—
代替資産積立金の積立		—						—
オープンイノベーション促進税制積立金の積立		—						—
特別償却準備金の取崩		—						—
特別償却準備金の積立		—						—
自己株式の取得	△30,013	△30,013						△30,013
自己株式の処分	92	83						83
自己株式の消却	14,259	—						—
利益剰余金から資本剰余金への振替		—						—
株主資本以外の項目の当期変動額（純額）		—	76,949	4,712	△8,492	73,168	△82	73,086
当期変動額合計	△15,662	89,002	76,949	4,712	△8,492	73,168	△82	162,088
当期末残高	△21,568	1,659,824	466,350	9,962	202,687	679,001	1,340	2,340,166

当事業年度（自　2022年4月1日　至　2023年3月31日）

（単位：百万円）

	株主資本										
	資本金	資本剰余金			利益剰余金						
		資本準備金	その他資本剰余金	資本剰余金合計	利益準備金	その他利益剰余金					利益剰余金合計
						代替資産積立金	オープンイノベーション促進税制積立金	別途積立金	特別償却準備金	繰越利益剰余金	
当期首残高	340,162	414,138	−	414,138	13,688	104,699	212	16,790	4,543	787,156	927,091
当期変動額											
譲渡制限付株式報酬	389	389		389							
剰余金の配当										△59,867	△59,867
当期純利益										149,975	149,975
土地再評価差額金の取崩										△57	△57
代替資産積立金の取崩						△3,151				3,151	−
代替資産積立金の積立						440				△440	−
オープンイノベーション促進税制積立金の積立							232			△232	−
特別償却準備金の取崩									△813	813	−
特別償却準備金の積立									1,640	△1,640	−
自己株式の取得											
自己株式の処分			△20	△20							
自己株式の消却			△28,166	△28,166							
利益剰余金から資本剰余金への振替			28,187	28,187						△28,187	△28,187
株主資本以外の項目の当期変動額（純額）											
当期変動額合計	389	389	−	389	−	△2,711	232		827	63,513	61,863
当期末残高	340,552	414,528	−	414,528	13,688	101,988	445	16,790	5,370	850,670	988,954

| | 株主資本 | | 評価・換算差額等 | | | | 新株予約権 | 純資産合計 |
	自己株式	株主資本合計	その他有価証券評価差額金	繰延ヘッジ損益	土地再評価差額金	評価・換算差額等合計		
当期首残高	△21,568	1,659,824	466,350	9,962	202,687	679,001	1,340	2,340,166
当期変動額								
譲渡制限付株式報酬		779						779
剰余金の配当		△59,867						△59,867
当期純利益		149,975						149,975
土地再評価差額金の取崩		△57						△57
代替資産積立金の取崩		−						−
代替資産積立金の積立		−						−
オープンイノベーション促進税制積立金の積立		−						−
特別償却準備金の取崩		−						−
特別償却準備金の積立		−						−
自己株式の取得	△45,010	△45,010						△45,010
自己株式の処分	71	50						50
自己株式の消却	28,166	−						−
利益剰余金から資本剰余金への振替		−						−
株主資本以外の項目の当期変動額（純額）		−	△44,539	4,666	57	△39,816	△48	△39,864
当期変動額合計	△16,772	45,870	△44,539	4,666	57	△39,816	△48	6,005
当期末残高	△38,340	1,705,695	421,811	14,628	202,744	639,185	1,291	2,346,172

【注記事項】

（重要な会計方針）

1．有価証券の評価基準および評価方法 ··

（1） 子会社株式および関連会社株式

　　移動平均法による原価法

（2） 満期保有目的債券

　　償却原価法

（3） その他有価証券

　① 市場価格のない株式等以外のもの

　　時価法

　　（評価差額は全部純資産直入法により処理し，売却原価は移動平均法により
　　算定）

　② 市場価格のない株式等

　　移動平均法による原価法

2．デリバティブ等の評価基準および評価方法 ·································

　デリバティブ

　　時価法

3．棚卸資産の評価基準および評価方法 ··

　販売用不動産，仕掛販売用不動産，開発用土地および未成工事支出金

　　個別法による原価法

　　（貸借対照表価額は収益性の低下に基づく簿価切下げの方法により算定）

4．固定資産の減価償却の方法 ··

（1） 有形固定資産の建物（建物附属設備を除く）のうち，オフィス用建物，
　　1998年4月1日以降取得の商業用，住宅用およびその他の建物，2016
　　年4月1日以降に取得した建物附属設備及び構築物（リース資産を除く）
　　定額法を採用しています。

なお，事業用定期借地権を設定し賃借した土地にある建物等については，残存価額を0円として使用期限等を耐用年数とした定額法を採用しています。

(2)　(1)以外の有形固定資産（リース資産を除く）

　定率法を採用しています。

(3)　無形固定資産（リース資産を除く）

　定額法を採用しています。

　なお，自社利用のソフトウエアについては，社内における利用可能期間（5年）に基づく定額法を採用しています。

(4)　所有権移転外ファイナンス・リース取引に係るリース資産

　リース期間を耐用年数とし，残存価額を0円とする定額法を採用しています。

　なお，所有権移転外ファイナンス・リース取引のうち，リース取引開始日が2008年3月31日以前のリース取引については，通常の賃貸借取引に係る方法に準じた会計処理によっています。

5.　繰延資産の処理方法

　株式交付費および社債発行費は支出時に全額費用として処理しています。

6.　引当金の計上基準

(1)　貸倒引当金

　売掛金，貸付金等の貸倒れによる損失に備えるため，一般債権については貸倒実績率により，貸倒懸念債権等特定の債権については個別に回収可能性を検討し，回収不能見込額を計上しています。

(2)　退職給付引当金

　従業員の退職給付に備えるため，期末における退職給付債務および年金資産の見込額に基づき，期末において発生していると認められる額を計上しています。

　退職給付債務の算定にあたり，退職給付見込額を当事業年度末までの期間に帰属させる方法については，給付算定式基準によっています。

　過去勤務費用は，その発生時における従業員の平均残存勤務期間内の一定の年数（10年）による定額法により費用処理することとしています。

数理計算上の差異は，その発生時における従業員の平均残存勤務期間内の一定の年数（10年）による定額法により翌事業年度から費用処理することとしています。

（3）　役員退職慰労引当金

　役員の退職慰労金支給に備えるため，内規に基づく期末退職慰労金要支給額を計上しています。

7.　収益および費用の計上基準 ···

　当社の顧客との契約から生じる収益に関する主要な事業における主な履行義務の内容及び当該履行義務を充足する通常の時点（収益を認識する通常の時点）は以下のとおりであります。

　　一時点で充足される履行義務

　　　分譲事業は顧客との不動産売買契約に基づき当該物件の引渡し義務を負っております。当該履行義務は物件が引き渡される一時点で充足されるものであり，当該引渡し時点において収益を計上しております。

　　　また，対価は通常，履行義務の充足から概ね1年以内に回収しており，重要な金融要素は含んでおりません。

　なお，オフィスビルや商業施設等の賃貸事業の収益認識に関しては「リース取引に関する会計基準」（企業会計基準第13号 2007年3月30日）等に基づき収益を認識しております。

8.　ヘッジ会計の方法 ··

（1）　ヘッジ会計の方法

　原則として，繰延ヘッジ処理を採用しています。なお，為替予約については振当処理の要件を満たしている場合は振当処理を，金利スワップについては特例処理の要件を満たしている場合は特例処理を採用しています。

（2）　ヘッジ手段とヘッジ対象

　ヘッジ会計を適用したヘッジ手段とヘッジ対象は以下のとおりです。

```
<ヘッジ手段> <ヘッジ対象>
為替予約      外貨建予定取引
金利スワップ  借入金
```

(3) ヘッジ方針

　金利変動による借入金の時価の変動リスクおよびキャッシュ・フロー変動リスクをヘッジする目的で金利スワップを行っています。また，将来実現確実な取引において主要決済通貨と異なる通貨での決済が予定されている場合には，為替変動リスクをヘッジするため為替予約を行っています。

(4) ヘッジ有効性評価の方法

　ヘッジ開始時から有効性判定時点までの期間において，ヘッジ対象とヘッジ手段の相場変動及びキャッシュ・フローの変動の累計を比較し，両者の変動額等を基礎にして判断しております。ただし，特例処理によっている金利スワップについては，有効性の判定を省略しております。

9．その他財務諸表作成のための基本となる重要な事項 ·····················

(1) 不動産流動化関連事業に係る配当の損益処理

　投資有価証券に計上されている不動産流動化関連事業に係る匿名組合出資金および優先出資証券の配当は営業損益に計上しています。

(2) 退職給付に係る会計処理

　退職給付に係る未認識数理計算上の差異および未認識過去勤務費用の未処理額の会計処理の方法は，連結財務諸表におけるこれらの会計処理の方法と異なっています。

(3) 消費税等の会計処理

　控除対象外消費税等は，固定資産等に係わるものは投資その他の資産の「その他」に計上し（5年償却），それ以外は発生年度の費用として処理しています。

（重要な会計上の見積り）

1. 固定資産の減損

（1）　当事業年度の財務諸表に計上した金額

（単位：百万円）

	前事業年度	当事業年度
有形固定資産合計	2,523,360	2,655,188
無形固定資産合計	32,930	33,702
減損損失	992	－

（2）　識別した項目に係る重要な会計上の見積りの内容に関する情報

　（1）の金額の算出方法は，連結財務諸表「注記事項（重要な会計上の見積り）1. 固定資産の減損（2）識別した項目に係る重要な会計上の見積りの内容に関する情報」の内容と同一であります。

2. 販売用不動産の評価

（1）　当事業年度の財務諸表に計上した金額

（単位：百万円）

	前事業年度	当事業年度
販売用不動産	473,256	467,247
仕掛販売用不動産	44,983	65,879
開発用土地	107,317	71,790
販売用不動産評価損	201	－

（2）　識別した項目に係る重要な会計上の見積りの内容に関する情報

　（1）の金額の算出方法は，連結財務諸表「注記事項（重要な会計上の見積り）2. 販売用不動産の評価（2）識別した項目に係る重要な会計上の見積りの内容に関する情報」の内容と同一であります。

（会計方針の変更）

（時価の算定に関する会計基準の適用指針の適用）

　「時価の算定に関する会計基準の適用指針」（企業会計基準適用指針第31号 2021年6月17日。以下「時価算定会計基準適用指針」という。）を当事業年度の期首から適用し，時価算定会計基準適用指針第27－2項に定める経過的な取扱いに従って，時価算定会計基準適用指針が定める新たな会計方針を将来にわたって適用することとしました。

なお，この変更による財務諸表に与える影響は軽微であります。

第2章

建設・不動産業界の "今"を知ろう

企業の募集情報は手に入れた。しかし，それだけでは
まだ不十分。企業単位ではなく，業界全体を俯瞰する
視点は，面接などでもよく問われる重要ポイントだ。
この章では直近1年間の建設・不動産業界を象徴する
重大ニュースをまとめるとともに，今後の展望につい
て言及している。また，章末には建設・不動産業界に
おける有名企業（一部抜粋）のリストも記載してあるの
で，今後の就職活動の参考にしてほしい。

▶▶夢のあるまちづくり・住まいづくり
建設・不動産 業界の動向

> 建設・不動産は「建物」に関する業界で，「建設」「戸建て」「マンション」「住宅設備・機器」「建材」「リフォーム」「不動産」「不動産管理」などに大別される。

❖ 建設業界の動向

　ゼネコン（総合建設会社）が請け負う工事は，道路や橋，ダムなどインフラにかかわる「土木」と，ビルや住宅を造る「建築」に分類される。大林組・鹿島・清水建設・大成建設・竹中工務店の大手五社は，単体での売上げが1兆円を超える規模から「スーパーゼネコン」と呼ばれる。

　災害復興や東京五輪，大型再開発が追い風となり，近年の建設業界は好調が続いていた。東京五輪や都市部の再開発，リニア新幹線，大阪万博と大規模需要が見込まれていたが，コロナ禍によりこうした好調の動きは終わりを迎えた。

　コロナ禍がひと段落し，首都圏の再開発案件や物流施設の新設など，建設需要自体は高まっているが，受注競争が熾烈になり，加えて資材高も業界を圧迫。担い手不足や高齢化も業界全体が抱える課題となっている。

●働き方改革と生産性の向上が課題に

　建設業界にとって，大きな課題は職人の高齢化および人手不足である。2022年度，建設現場で働く技能労働者は約305万人（日本建設業連合会調べ）で，近い将来には300万人を割り込む可能性が指摘されている。過酷な労働イメージから若者離れが進んだことが原因である。そこで日建連は，2025年までに新規入職者90万人の確保と，技術革新による35万人分の省人化を目標として掲げている。現場の働き方改革も必須で，業界では，社会保障を含む待遇の改善，就業時間短縮，週休2日制の定着といった動きが広がり始めた。

それと同時に，ロボットや人工知能（AI），情報通信技術（ICT）を活用した重機の導入，工事工程の効率化など，質的改善を含めた生産性向上への取り組みにも，業界をあげて力を注いでいる。2016年4月，国土交通省は土木工事にICT（情報通信技術）を活用する基準「アイ・コンストラクション（建設生産性革命）」の導入を表明し，重機メーカーもICT対応製品・サービスの開発を進めたため，環境も整備されてきている。たとえば，コマツは，掘削から整地までのブレード操作を自動化したブルドーザや掘削時に設定された設計面に達すると自動停止するショベルなどを商品化している。また，DOXEL社からは，ドローン，3Dレーザースキャナを搭載したロボットにより自動で工事現場の点群データを集積・解析。その結果をBIMデータと照らし合わせることで，現場の進捗状況を報告してくれる商品が出ている。

❖ 不動産業界の動向

　ビル賃貸やマンション分譲，商業施設の開発・運営などを幅広く手掛けるディベロッパーには，三井不動産，三菱地所，住友不動産，東急不動産ホールディングスの大手4社，森ビル，野村不動産ホールディングス，東京建物などが名を連ねる。これらのディベロッパーは，超低金利を背景とした融資環境の後押しもあり，近年は旺盛な投資意欲を見せている。

　国が容積率などを緩和する国家戦略特区（都市再生特別地区）を都心の主要な地域に指定しているため，指定地区では大規模なオフィスビル・複合ビルの建設が相次いでいる。2017年4月，三菱地所は総額1兆円を投じて，東京駅の北側で大規模開発をスタートさせた。この事業の中心は，高さ日本一となる超高層ビルで，2027年度の完成を目指している。また，同駅の八重洲地区では，三井不動産と東京建物が，それぞれ再開発を進めており，渋谷駅では東急不動産が参画した「渋谷ストリーム」が開業。2019年11月には渋谷エリアでは最も高い地上47階建ての「渋谷スクランブルスクエア」が開業した。森ビルは2014年に開業した「虎ノ門ヒルズ」の隣接地区に，3つの高層ビルを中心とした大規模プロジェクトを計画中で，これには地下鉄日比谷線の新駅も含まれる。

　不動産業界において，新型コロナウイルスの影響は軽微だったと見られている。テレワークの普及によりオフィスの解約や縮小の動きが進んだ一方

で，不動産大手が持つ都心の大型ビルの需要は底堅かった。また，不動産の売買も活発であり，海外投資家を中心に物流施設や賃貸住宅が積極的に取得された。

●新しい働き方にどのように対応していくか

　ビル賃貸事業は，新型コロナウイルスの影響により好調な状況にストップがかかった。オフィスビル空室率は，5％を下回ると賃料に上昇傾向が見られるが，東京都心5区（千代田，中央，港，新宿，渋谷）の空室率は，2023年6月で6.48％となっている。空室率のピークは一時期に比べて緩やかになってきており，一時はテレワーク中心の体制にしたものの、オフィスが足りなくなり再び契約するという動きもある。

　変化の著しいオフィス需要だが，長期的にみれば，少子化による労働人口の減少も想定されるため，多くのディベロッパーは新しい事業にも着手している。eコマース（電子商取引）や省人化投資に伴って需要が高まった大型／大型マルチテナント型物流施設には，三菱地所，三井不動産，野村不動産などの大手や大和ハウスなどハウスメーカー系も積極的に参入している。また，海外展開も盛んで，三井不動産は2021年に，商業施設「ららぽーと」を上海に開業。次いで2022年にマレーシアと台湾でも開業した。台湾では2026年をめどに3施設目も開業予定だ。すでにマレーシアで開業しているアウトレットパークのインドネシア，フィリピン，タイへの展開も検討している。また，ニューヨークで開発中だったオフィスビルが完成。同地区のもう1棟を合わせた投資額は5500億円となっている。ニューヨークでは，東急不動産も複合ビルの再開発事業に参画。三菱地所はバブル期に買収した米ロックフェラーグループを通じて既存の大型オフィスビルを大規模改修し，賃料アップを狙っている。

❖ 戸建て業界の動向

　戸建て住宅には，客の注文に応じて建てる注文住宅や設計・施工後に販売する分譲住宅がある。大手10社でもシェアは3割程度と，地域密着の工務店もがんばっている。

　2022年度の新設住宅着工戸数は前年比0.6％減の86万828戸，そのうち戸建て数は7.5％減の39万7556戸であった。注文住宅は木材や鋼材などの

価格高騰により建築コストが上昇した影響を受けた形となる。テレワークの普及により，広さを求めて賃貸マンションから戸建て住宅に移る動きもひと段落し，オフィス回帰の動きが進んだことも一因と考えられる。

●ゼネコンとの連携，異業種からの参入も始まる

ゼネコンの受注許容量が逼迫していることを受け，これまでゼネコンが手掛けていた案件を住宅メーカーが請けるチャンスも増えている。こういった流れのなか，ゼネコンとの資本提携やゼネコンを買収するメーカーも出ている。大和ハウスは準大手ゼネコンのフジタを100％子会社にし，マンションのコスモスイニシアへの出資も行っている。積水ハウスは，鴻池組の親会社鳳ホールディングスへ，旭化成ホームズは森組にそれぞれ出資している。住友林業と熊谷組は相互に出資を実施するなど，相互の関係を深めつつ，ゼネコンの守備範囲に食い込んでいる。

また，近年は業界内の再編も進んでいる。トヨタホームは約110億円を投じて，ミサワホームを子会社化した。2017年10月には，パナソニックがパナホームを完全子会社化し，家電から住宅部材まで手がける幅広い商品力で，他社との差別化を図る。2018年には，ヤマダ電機がヤマダ・エスバイエルホームを完全子会社化するなど，住宅業界以外企業による買収も行われている。

❖ マンション業界の動向

不動産経済研究所によれば，2022年における全国の新築マンション発売戸数は，前年比5.9％減の7万2967戸と前年を下回った。平均価格は5121万円で，こちらは6年連続で最高値を更新した。これは，地価と建築費の高騰が要因となっている。首都圏の平均価格は7700万円を突破。価格高騰にもかかわらず堅調な販売を見せている。都内では大型の再開発が進み，マンション用地の確保に高い費用がかかことから価格下落に転じる気配は薄いと見られる。また，工事現場の職人も不足しており，建設コストの上昇がそのまま値段に転嫁，反映される状況が続いている。そのため，購入希望者の一部は戸建て物件や中古物件に流れており，新築マンションの売れ行きが悪化している。そこで，マンション業界各社は，仲介事業や中古物件の販売など，ストックビジネスに力を注ぐ方針を示している。また，新

型コロナウイルスの影響により，リモートワークの普及に伴う住宅ニーズの変化も起きてきている。今後のトレンドの変化にいかに上手く迎合していくかが課題となっている。

●タワーマンションの増加で，インフラ整備に課題も

　近年は，共働きや高齢者の世帯が増え，住宅購入に際して，立地条件の利便性がとくに重視されるようになった。そのため，駅直結や徒歩5分以内で低層階に商業施設の入った，一体開発型のマンションは増加傾向にある。都内の有明や豊洲といった湾岸地区や千葉県の津田沼，相互乗り入れで多くの路線が使えるようになった武蔵小杉で，新たなタワーマンションの建設が進んでいる。

　しかし，高層階ほど安全性や耐久性に疑問が残ること，修繕費の高さと戸数の多さなどから大規模修繕が難しいことなど，課題も残っている。また，急速な人口の流入で，小学校が不足したり，通勤通学時に駅のホームが大混雑するなど，地域のインフラ整備の課題も浮き彫りになってきている。現に2019年10月に上陸した台風19号により，武蔵小杉のタワーマンションは大きな被害を受け，その模様は全国的なニュースとして報道された。

建設・不動産業界

直近の業界各社の関連ニュースを
ななめ読みしておこう。

万博の建設費、大阪府・市の負担は最大780億円に

2025年国際博覧会（大阪・関西万博）の会場建設費が従来計画から最大500億円上振れることになった。増額は20年以来2度目で、大阪府と大阪市の負担額は約780億円と当初計画から360億円ほど膨らむ見通し。追加の公費負担にはより丁寧な説明責任が求められる。

会場建設費は運営主体・日本国際博覧会協会（万博協会）が発注するメイン会場や大催事場などの整備に充てられる。資材高や人件費の高騰を背景に各工事の契約金額が当初予定を上回る事例が相次ぎ、全体の建設費は最大2350億円と500億円上振れることになった。

建設費は政府と大阪府・市、経済界が3分の1ずつ負担する仕組みで、この原則通りならば3者の負担は最大で167億円ずつ増える。協会は来週中にも政府や府・市、経済界に追加負担を要請するとみられる。

政府は月内に決める23年度補正予算案に万博関連経費を計上する方針。府・市や経済界も受け入れる場合は追加の財源確保が今後の課題となる。

会場建設費は誘致時点で1250億円だったが、会場デザインの変更などで20年に1850億円に増額した経緯がある。大阪府議会や大阪市議会はその後、さらなる増額が発生した場合、国が対応するよう求める意見書を可決した。

今年9月にも地域政党・大阪維新の会の府議団が吉村洋文知事に対し、増額分を国に負担してもらうよう要望しており、予算措置にはまず議会側の同意が壁となる。公費負担が膨らむため住民からの反発も予想されるが、大阪市幹部は「3分の1ずつの負担割合は守らないといけない」と強調する。

経済界は企業からの寄付で建設費を賄っており、今回の増額により追加の寄付が発生する可能性がある。だが建設費とは別に、在阪企業には万博の前売り入場券の購入も求められており、ある経済界関係者は「これ以上の負担にはつい

ていけない」とこぼす。

関西の経済界では、1970年大阪万博の収益金を基につくられた基金の一部を取り崩し、増額分に充てる案も浮上しているが、内部に反対論もあり実現するかは見通せない。

大阪・関西万博を巡っては、海外パビリオンの建設遅れも課題となっている。自前で施設を用意する「タイプＡ」から万博協会が用意する建物に複数の国が入る「タイプＣ」に移行する出展国が計２カ国となったことも判明した。これまで欧州のスロベニアが移行することが明らかになっていた。

協会はタイプＡの出展国に対し、日本側がゼネコンとの交渉や発注を担う「タイプＸ」を提案し、９カ国が関心を寄せているという。海外パビリオンは「万博の華」ともいわれ、協会は引き続き参加国に準備の加速を求める。

（2023年10月7日　日本経済新聞）

建設業の賃金、低すぎなら行政指導　24年問題で国交省

国土交通省は建設業の賃金のもとになる労務費の目安を設ける。とび職や鉄筋工などを念頭に職種ごとに標準的な水準を示す。ゼネコンなどが下請け企業に著しく低い単価を設定している場合に国が勧告など行政指導する仕組みも検討する。

建設業の賃上げを促し、人手不足の解消につなげる。建設業界では時間外労働に上限規制を適用する「2024年問題」への対応も課題となっている。

今秋にも国交省の中央建設業審議会で対策の方向性をまとめる。24年の通常国会での建設業法の改正をめざす。審議会のもとに作業部会を立ち上げ、基準の詳細をつめる。

建築現場で働く技能者の業務の種類ごとに「標準労務費」を提示する。現在、国や地方自治体が発注する公共工事は労働市場の実勢価格などを反映した労務単価を職種別、都道府県別に公表している。毎年実施する全国調査に基づいて水準を決める。

こうした仕組みを念頭に、工事の受注業者と下請け業者間など民間の受発注の基準についても定める方向だ。

基準を著しく下回る労務費の設定は禁じる。違反した場合は違反勧告の対象とする。建設業者が極端に短い工期とすることを防ぐための方策も盛り込む見通しだ。

デベロッパーといった建設の発注元となる企業は専門性の高い現場業務を工事会社などに発注することが多い。業務を請け負う技能者は日雇いが中心で、賃金水

準が低いといった課題が指摘される。

国が職種ごとに労務費の相場観を示すことで、建設業者側が技能者の労務費を削って赤字でも受注するような事態を回避する狙いもある。

建設業界では人手不足や高齢化が深刻となっている。22年時点の建設業の就業者数は479万人で、ピーク時の1997年から30％減った。時間外労働の規制を強化する「2024年問題」が人手不足に追い打ちをかける恐れもある。適正な水準に賃金を底上げし、人材を確保しやすいようにする。

（2023年8月20日　日本経済新聞）

ゼネコン8割でベア、人材確保急ぐ　残業規制が背中押す

労働力不足が慢性化している建設業界で、約8割のゼネコンが毎月の基本給を一律に引き上げるベースアップ（ベア）を2023年春の労使交渉で決めたことがわかった。大手5社も6年ぶりにベア実施で足並みをそろえた。24年から建設業界で時間外労働の上限規制が適用されることから、各社は待遇改善による人材確保を急いでいる。国が政府入札での賃上げ実施企業を22年から優遇していることも背景にある。

ゼネコン35社の労働組合が加盟する日本建設産業職員労働組合協議会（日建協）がまとめた23年春季労使交渉の中間報告で明らかになった。回答した31社のうち83％の26社がベアを決めた。

ベアの加重平均は6843円（1.58％）と前年度の3923円から大幅に引き上げた。日建協非加盟の大手4社（鹿島、大林組、大成建設、竹中工務店）でもベアを実施した。清水建設を加えた大手5社が一斉にベアを実施したのは6年ぶりだった。

31社中、26社が定期昇給とベア、4社が定昇のみ、1社が回答が未集計という。30社の引き上げ額は加重平均で2万371円（4.8％）と、前年度の1万3842円から7000円近く引き上げた。

建設業では鉄骨などの主要建材の価格が21年から22年にかけて高騰しており、ゼネコン各社の利益を圧迫する。上場する大手・準大手13社の23年3月期の連結売上高の合計は前の期比で11％増だった一方で、純利益では微減だった。手持ち工事の採算も悪化しており、赤字が見込まれる工事で計上する工事損失引当金は、13社の23年3月末時点の残高合計は22年3月比で43％増の2511億円と10年で最大だった。

業績が不透明感を増しているにもかかわらず、各社が大幅な賃上げに踏み切ったのには理由がある。ひとつは現場労働力の確保だ。24年度から働き方改革関連法に基づく時間外労働の上限規制の適用猶予が撤廃される。現在の労働力だけでは工期の遅れを招きかねない。新たな人材の確保が急がれる。

加えて建設業の構造的な人材不足もある。国土交通省によると22年度の建設業従事者（平均）は479万人と、1997年度の685万人から3割以上落ち込んだ。

一方で建設需要は旺盛だ。半導体などの設備投資や都心再開発、国土強靱（きょうじん）化に伴う大型土木工事などの施工量は潤沢だ。日本建設業連合会（東京・中央）によると、22年度の国内建設受注額は21年度比8.4％増の16兆2609億円と、過去20年で最高となった。現場の繁忙度合いが高まるなか、人材確保やつなぎ留めに向けた待遇改善は不可欠だ。

もうひとつの要因が国の賃上げ実施企業への公共工事における優遇策だ。22年4月から、公共工事に適用される総合評価入札で大企業で3％以上、中小企業で1.5％以上の賃上げを表明した業者を5〜10％程度加点する措置が敷かれている。土木が中心となる公共工事の受注に大きな影響があることから、23年度も各社で引き続き3％以上の賃上げ水準を維持している。

22年度は日建協に労組が加盟するゼネコン33社のほか、鹿島など日建協非加盟の大手ゼネコン4社でも3％以上の賃上げを実施している。

初任給についても、日建協調査では71％の22社で引き上げられ、このうち19社では会社提示によるものだった。日建協は標準ラインとして24万円台を提示するが、23年度は25万円台が最も多く14社に上ったほか、26万円台も3社あった。日建協非加盟の大手4社でも初任給を引き上げており、日建協は「各社の人材獲得の動きが如実に表れた」と分析する。またピーエス三菱は4月に、正規従業員や契約社員1219人に月給の1カ月半相当となるインフレ特別支援金を支給している。

日建協は「昨年度に引き続き、企業業績よりも政策や社会情勢によって賃上げの大きな流れが作られた」とみる。24年の春季労使交渉に向けては、日建協で策定している個別賃金を改定し、物価上昇などを反映するという。

（2023年8月2日　日本経済新聞）

日建連、原則週休2日で工期見積もり　24年問題対応で

日本建設業連合会（日建連、東京・中央）は21日、加盟するゼネコンが民間建築工事の発注者に見積もりを提出する際に、現場を週2日閉じる「4週8閉所」を原則にするよう求めた。2024年4月から時間外労働の上限規制が適用される「2024年問題」に備える。建設業界で人手不足が深刻化する中、工期がこれまでより延びる可能性もある。

発注者に最初に提出する見積もりの段階で、4週8閉所と週40時間稼働を前提とした工期設定を原則とする。発注者から完成時期を指定されて対応が難しい場合は、作業員の増員などが必要になるとして価格引き上げへの理解を求める。

公正取引委員会から独占禁止法に抵触する恐れがない旨を確認して、21日開催された理事会で決議された。同日以降の受注で会員企業の対応を求める。

働き方改革関連法に基づき、建設業の時間外労働は24年4月から原則で年360時間、労使合意があっても720時間の上限が課され、違反企業には罰則も科される。21日に日建連が発表した調査では、回答があった会員81社の非管理職のうち、時間外労働が360時間を超えた者が22年度は約6割にのぼった。

日建連は労働時間削減に向け、4週8閉所を24年度までに全現場で達成する目標を掲げる。ただ、同日発表した調査では、回答があった会員企業99社での実施率は22年度通期で42.1％どまりだった。

蓮輪賢治副会長（大林組社長）は「特に民間建築で4週8閉所が定着しておらず、人材確保の観点として危機感を抱いた」として、業界で足並みをそろえる考えを示した。日建連は鹿島や清水建設など大手から中堅までゼネコン141社が加盟する。

（2023年7月21日　日本経済新聞）

不動産ID、年内にデータベース　住宅取引や物流で活用

政府は土地や建物など不動産ごとに識別番号を割り振る「不動産ID」のデータベースを年内に整備する。まず440市区町村で運用を始める。官民が収集した物件情報や災害リスクを一元的に把握できるようにし、まちづくりや不動産

取引、物流などを効率化する。

不動産IDは2022年に導入した。17ケタの番号によって戸建てやマンション、商業ビルを部屋単位で識別できる。物件ごとに原則1つのIDを配分する。

国土交通省は登記情報を持つ法務省やデジタル庁と連携して「不動産ID確認システム（仮称）」を整え、夏ごろに運用を始める。

23年度中に任意で選んだ全国440市区町村をシステムに接続。各地方自治体が開発規制やハザードマップといった公的データをひもづけできる仕組みを検討する。

利用者はシステムに住所や地番を入力して不動産IDを取得する。このIDを使って各自治体が関連づけたデータを使う。

不動産業者が物件を査定する際、現状は建物の建築規制や電気・ガスの設備状況などを複数の窓口で確認する必要がある。これらデータを一度に入手できれば、業務の効率化や中古物件の取引などが迅速になる。

物流サービスへの活用も期待される。ドローンで大量の荷物を複数地点に配送する場合、IDをもとにした地図情報で効率が良いルートを選べるようになる。自動運転車での配送にも生かせる見通しだ。

自治体の住宅政策でも利用できる。世帯ごとの水道利用の有無などを把握し、空き家かどうかを素早く判断できる。放置空き家の管理を強化し、民間事業者の中古取引を仲介することが可能になる。

千代田区や港区といった東京都の17区のほか、札幌市、さいたま市、京都市、高松市などが当初に入る見込み。早期に1700ほどの全市区町村に広げる。

国交省は30日に業界横断の官民協議会を設置する。不動産や物流、損害保険業界などが参加する見通し。

政府は23年夏にも公的機関による社会の基本データ「ベース・レジストリ」にIDを指定する方針だ。不動産分野でマイナンバー並みの位置づけになる。

不動産IDの普及のカギを握るのが民間事業者が持つデータとの連携だ。不動産業界にはすでに物件情報を集めた「レインズ」と呼ぶシステムがある。政府は24年1月から任意でレインズにID情報を接続できるようにする。

（2023年5月30日　日本経済新聞）

ハウスコム、潜在ニーズ分析し理想物件を提案

不動産賃貸仲介のハウスコムは人工知能（AI）を活用した新たな部屋探しの提

案サービスを始めた。複数の質問の回答から顧客の嗜好を分析し、潜在的なニーズも推測した上で好みに合致しそうな候補物件を提案する。新型コロナウイルスの発生後、若い世代を中心にネットを使った検索が一段と増えており、部屋探しで新しい体験価値を提供して店舗を訪れるきっかけにもする。

サービス名は「Serendipity Living Search」。ハウスコムが蓄積した顧客情報や購買データを生かし、不動産の売買価格をAIで素早く査定するシステムを手掛けるSREホールディングスの技術と組み合わせた。ハウスコムによると、こうしたサービスは不動産業界で初めてという。

特徴はサービスの利用者と属性の近い集団の嗜好パターンをAIが分析し、様々な物件の中から好みとされる候補を提案する点だ。

利用者は専用サイトで年齢や年収のほか、自宅や勤務先の最寄り駅などの質問に回答する。AIが回答に基づき、特徴の異なる物件を10件ほど表示する。最初に表示された物件の中から自分の好みに合う物件を1つ以上選んでお気に入りに登録すると、AIが利用者の好みにより近いと思われる物件を探し、再び一覧で表示する。

従来は入居検討者が希望する条件や要望を指定し、条件を基に候補を検索することが多かった。好みの物件に出合うことがある半面、検討者によっては理想の物件を見つけるまでに条件の細かな変更を余儀なくされる。新サービスは利用者の潜在的なニーズに合致する可能性のある候補まで幅広く提案し、「予想外の発見」を提供していく。

新サービスの利用料は無料。当初は東京を中心とした首都圏を対象に対応し、主に1980～90年代生まれのミレニアル世代の利用を見込む。サービス・イノベーション室の西山玲児係長は「デジタルトランスフォーメーション（DX）により部屋探しの方法が変化するなか、新サービスは顧客との接点になる」と説明する。

ハウスコムは部屋探しにおける新たな体験を提供することで自社の認知度を高め、ファンを増やす狙いだ。新サービスの利用を通じ、現在全国で約200ある店舗に足を運ぶきっかけ作りと期待する。サービスの精度を向上しつつ、実施するエリアの拡大を検討していくという。

不動産業界はDX化が金融業などと比べ遅れていたが、新型コロナの影響で変わり始めた。分譲マンション販売ではモデルルームに出向くことなくオンラインで内見でき、契約業務や書類の電子化が進む。野村不動産は2022年秋、メタバース（仮想空間）で住宅購入の相談ができるサービスを始めた。顧客の利便性を高めて体験価値を提供する知恵比べが強まっていきそうだ。

（2023年3月15日　日本経済新聞）

公共工事の労務単価5.2％引き上げ　11年連続で最高

国土交通省は14日、国や地方自治体が公共工事費の見積もりに使う労務単価を3月から全国全職種平均で前年3月比で5.2％引き上げると発表した。現行の算定方式による引き上げは11年連続で過去最高を更新した。建設・土木業界での人手不足が続いていることを受け、賃上げの動きが広がっていることを反映した。

労務単価は毎年、土木や建設などの51職種の賃金を調べて改定している。全国全職種平均の上昇幅が5％を超えたのは14年（7.1％）以来9年ぶり。労働者が受け取るべき賃金をもとに1日あたり8時間労働で換算した場合、3月からの新たな単価は2万2227円となる。

とび工や鉄筋工など主要12職種では平均で5％の引き上げとなる。斉藤鉄夫国交相は14日の閣議後の記者会見で、「技能労働者の賃金水準の上昇につながる好循環が持続できるよう、官民一体となった取り組みの一層の推進に努める」と述べた。

（2023年2月14日　日本経済新聞）

▶労働環境

職種：営業　　年齢・性別：20代後半・男性

- 21時にパソコンが強制終了するので，その後は帰りやすいです。
- ダラダラやる人はパソコンが切れた後も何かしら雑務をしています。
- アポイントがあれば休日出勤もありますが，あまりありません。
- 上司によっては休日に働くことが美学の人もいて部下が困ることも。

職種：機械関連職　　年齢・性別：30代後半・男性

- OJT研修の期間も長く，社員育成に十分力を入れていると思います。
- 上司との面談も多く，失敗しても次頑張ろう，という雰囲気です。
  社員のモチベーションアップが会社のテーマとなっています。
- 個人個人の意欲を高めるためにチーム編成で課題に取り組むことも。

職種：個人営業　　年齢・性別：20代後半・男性

- 研修制度が整っていて，新入社員研修もしっかりとしています。
- スキルアップのために定期的にセミナーや勉強会にも参加できます。
- 無料で宅建の講座を受けることができます。
- キャリア面談が定期的にあり，自分の考えを上司に伝えやすいです。

職種：個人営業　　年齢・性別：20代後半・男性

- 結果を残せばそれに見合った報酬を受け取ることができます。
- 昇進・昇給は主には成果と勤務年数に応じてされているようです。
- 現場でのコミュニケーションはとても大事だと思います。
- 人間関係を丁寧に業務に取り組めば，正当に評価されると思います。

▶福利厚生

職種：電気／電子関連職　　年齢・性別：20代後半・男性

・大手ビル管理会社の中でも福利厚生はかなり良いと感じます。
・宿泊施設が安く利用できたり，系列施設の利用特典もあります。
・部活動なんかもありますが，部署によって環境は変わるようです。研修もしっかりしていて，電気資格やビル管の講習などもあります。

職種：個人営業　　年齢・性別：20代後半・男性

・大手なだけあって福利厚生はしっかりしています。
・キャリアアップ，資格取得に対してのバックアップも抜群です。
・グループのホテルやジム等を安く使えるので，とても便利です。
・住宅購入の際は，多少割引きがあります。

職種：法人営業　　年齢・性別：20代後半・男性

・福利厚生に関してはとても恵まれていると感じました。
・家賃補助は特に手厚く，新卒で東京に赴任した時は助かりました。
・有給も比較的取りやすく感じましたが，上司や部署によるようです。
・有給の取得基準がバラバラなので統一すればいいのにと思います。

職種：不動産管理・プロパティマネジャー　　年齢・性別：20代後半・男性

・福利厚生の中でも特に住宅補助は充実していると思います。
・35歳までは賃貸だと独身で3万円，既婚で6万円の住宅補助が出ます。
・持ち家であれば年齢制限はなく3万円が一律で支給されます。
・電車通勤出来る場所に実家があっても，住宅補助は出ます。

▶仕事のやりがい

職種：**法人営業**　　年齢・性別：**20代後半・男性**

- 地権者交渉はとてもやりがいを感じます。
- 複数の地権者を集めて大きな用地とする交渉はとても面白いです。
- 地権者一人一人の背景から，今後期待される事を読み取ります。
- 地権者側の希望とこちらの希望がマッチした時は達成感があります。

職種：**個人営業**　　年齢・性別：**20代後半・男性**

- 給料や福利厚生も申し分なく，働く環境は整っています。
- 百億単位の仕事を手がけられるので，やりがいは十分だと思います。
- 社員の意識も高いので切磋琢磨し自己の能力を向上していけます。
- 内需型から，今後は海外へシフトできるかが課題だと思います。

職種：**個人営業**　　年齢・性別：**30代後半・男性**

- お客様から契約が取れた時に，やりがいを感じます。
- 営業活動のやり方は自分次第なので，いろいろ方法を考えます。
- 自分なりのアプローチの仕方で契約を取れた時は本当に面白いです。
- ノルマもあるので大変ではありますが，その分達成感も大きいです。

職種：**個人営業**　　年齢・性別：**20代後半・男性**

- 営業で結果を出せば多くの手当がもらえるのでやりがいがあります。
- 契約が増えていくと，オーナー様からの紹介も増えてきます。
- 経験が増えるほど確実に仕事がしやすくなっていきます。
- 何よりお客様が満足し，感謝されることに大きな喜びを感じます。

▶ブラック？ホワイト？

職種：代理店営業　　年齢・性別：20代後半・男性

・以前は残業はみなしでしたが，現在では残業代が支給されます。
・残業の申請には周りの空気を読む必要があります。
・残業代が出ている今の方が以前よりも手取りベースでは減額です。
・お客様都合のため，休日出勤もアポイントがあれば出社となります。

職種：個人営業　　年齢・性別：30代後半・男性

・とにかく数字が人格，数字さえあれば何をしても許される社風です。
・早く帰れていいのですが，最近は21時で強制的に電気が消えます。
・数字がないと会社に居づらい感じになり，辞める人は多いです。
・残っている人は家庭を顧みず働くので，離婚率も高いような気が。

職種：建設設計　　年齢・性別：20代後半・男性

・みなし残業がつきますが，実際はその3倍以上は残業をしています。
　私の在籍している支店では21時半前に帰る人はほとんどいません。
・優秀と言われる人は，休日もプランなどを練っている人が多いです。
　ほとんどプライベートは無いと思った方が無難かと。

職種：個人営業　　年齢・性別：20代後半・男性

・営業担当の苦労を理解できていない部署，担当者が多くて辛いです。
・会社の看板があるから営業は楽なはずと本気で思っている節が。
・ものづくりの会社だから技術者が大切なのは理解できますが，間接
　部門の年収より，営業部門の年収が低いのはやりきれません。

▶女性の働きやすさ

職種：電気/電子関連職　　年齢・性別：20代後半・男性

- 女性の数はまだまだ少数であるため働きやすいとは言い難いです。
- 男性主体の会社ですが，女性の活躍の場も年々増えてきてはいます。
- 会社の決まりでセクハラ等にはかなり敏感になっています。
- 管理職志望の女性は，この会社はあまり向いていないと思います。

職種：施工管理　　年齢・性別：20代前半・女性

- 産休育休は上司の理解がないと厳しいですが，制度はあります。
- 建設業界全体の状況としてあまり受け入れられない印象があります。
- 住宅業界は男性のみならず，女性の視点も重要なのですが。
- 今後はもっと上辺だけではない制度の改善が必要となるでしょう。

職種：コンサルティング営業　　年齢・性別：30代前半・男性

- 現在，管理職に就いている女性の数は僅かです。
- 最近は会社として積極的に女性の登用に力を入れています。
- 男性が多い職場なので実績が残せれば，昇進しやすい環境かも。
- 男社会なので細やかな指導を求めるのは難しいかもしれませんが。

職種：個人営業　　年齢・性別：30代後半・女性

- 育児休暇制度もあり，出産後も3年間は時間短縮が適用されます。
- 労働環境を向上させるため，男女同じように仕事を任されます。
- 女性も営業成績によって，男性と同様のポジションが与えられます。
- 女性の支店長も在籍しており，女性が差別されることはありません。

▶ 今後の展望

職種：個人営業　　年齢・性別：20代後半・男性

・東日本大震災以降は休みがあまり取れず毎日忙しい状況です。
・多くの人に信頼されているからこその仕事量だと思っています。
・将来に関してはまだまだ生き残れる業界だと言えるでしょう。
・他社よりも特化したものを提供できれば成長可能な会社です。

職種：販促企画・営業企画　　年齢・性別：20代後半・男性

・今後は介護分野，太陽光発電，海外展開が加速すると思います。
・条件の良い立地，土地オーナーとのめぐり合せが今後のカギに。
・ライバルの某社とは，少し毛色が違うため棲み分けは可能かと。
・既存事業も，まだまだ開拓の余地はあるかと。

職種：個人営業　　年齢・性別：30代後半・男性

・リフォームについていえば，まだ相場より高めでも受注は可能です。
・ただ，大手以外のリフォーム会社との競合も増えてきています。
・大型物件についても，中小企業が実力をつけてきているのも事実。
・今後戸建て住宅レベルでは，顧客の取り込みが難しくなるかと。

職種：個人営業　　年齢・性別：20代後半・男性

・戸建ての長寿命化で，建て替えのサイクルは確実に長くなります。
・建て替えからリフォーム需要の取り込みへシフトしています。
・他社より一歩出遅れてしまうスピード感のなさの改善が急務です。
・今後ニーズが多様化していく中どう対応していけるかだと思います。

●建設業界

会社名	本社住所
ショーボンドホールディングス	東京都中央区日本橋箱崎町 7 番 8 号
ミライト・ホールディングス	東京都江東区豊洲 5-6-36
タマホーム	東京都港区高輪 3 丁目 22 番 9 号 タマホーム本社ビル
ダイセキ環境ソリューション	愛知県名古屋市港区船見町 1 番地 86
安藤・間	東京都港区赤坂六丁目 1 番 20 号
東急建設	東京都渋谷区渋谷 1-16-14　渋谷地下鉄ビル
コムシスホールディングス	東京都品川区東五反田 2-17-1
ミサワホーム	東京都新宿区西新宿二丁目 4 番 1 号 新宿 NS ビル
高松コンストラクショングループ	大阪市淀川区新北野 1-2-3
東建コーポレーション	名古屋市中区丸の内 2 丁目 1 番 33 号　東建本社丸の内ビル
ヤマウラ	長野県駒ヶ根市北町 22 番 1 号
大成建設	東京都新宿区西新宿一丁目 25 番 1 号　新宿センタービル
大林組	東京都港区港南 2 丁目 15 番 2 号
清水建設	東京都中央区京橋二丁目 16 番 1 号
飛島建設	神奈川県川崎市高津区坂戸 3－2－1 かながわサイエンスパーク (KSP)
長谷エコーポレーション	東京都港区芝二丁目 32 番 1 号
松井建設	東京都中央区新川 1-17-22
銭高組	大阪市西区西本町 2 丁目 2 番 11 号 なにわ筋ツインズウエスト
鹿島建設	東京都港区元赤坂 1-3-1
不動テトラ	東京都中央区日本橋小網町 7 番 2 号 (ぺんてるビル)

会社名	本社住所
大末建設	大阪市中央区久太郎町二丁目5番28号
鉄建建設	東京都千代田区三崎町2丁目5番3号
日鉄住金テックスエンジ	東京都千代田区丸の内二丁目5番2号　三菱ビル
西松建設	東京都港区虎ノ門一丁目20番10号
三井住友建設	東京都中央区佃二丁目1番6号
大豊建設	東京都中央区新川一丁目24番4号
前田建設工業	東京都千代田区猿楽町二丁目8番8号 猿楽町ビル
佐田建設	群馬県前橋市元総社町1-1-7
ナカノフドー建設	東京都千代田区九段北四丁目2番28号
奥村組	大阪市阿倍野区松崎町二丁目2番2号
大和小田急建設	東京都新宿区西新宿4-32-22
東鉄工業	東京都新宿区信濃町34 JR信濃町ビル4階
イチケン	東京都台東区北上野2丁目23番5号（住友不動産上野ビル2号館）
淺沼組	大阪市天王寺区東高津町12番6号
戸田建設	東京都中央区京橋一丁目7番1号
熊谷組	東京都新宿区津久戸町2番1号
青木あすなろ建設	東京都港区芝4丁目8番2号
北野建設	長野県長野市県町524
植木組	新潟県柏崎市新橋2-8
三井ホーム	東京都新宿区西新宿二丁目1番1号　新宿三井ビル53階
矢作建設工業	名古屋市東区葵三丁目19番7号
ピーエス三菱	東京都中央区晴海二丁目5番24号　晴海センタービル3階

会社名	本社住所
大東建託	東京都港区港南二丁目 16 番 1 号　品川イーストワンタワー 21 〜 24 階・（総合受付 24 階）
新日本建設	千葉県千葉市美浜区ひび野一丁目 4 番 3 新日本ビル
NIPPO	東京都中央区京橋 1 － 19 － 11
東亜道路工業	東京都港区六本木七丁目 3 番 7 号
前田道路	東京都品川区大崎 1 丁目 11 番 3 号
日本道路	東京都港区新橋 1-6-5
東亜建設工業	東京都新宿区西新宿 3-7-1　新宿パークタワー 31 階
若築建設	東京都目黒区下目黒二丁目 23 番 18 号
東洋建設	東京都江東区青海二丁目 4 番 24 号　青海フロンティアビル 12，13 階
五洋建設	東京都文京区後楽 2-2-8
大林道路	東京都墨田区堤通 1-19-9 リバーサイド隅田セントラルタワー 5F
世紀東急工業	東京都港区芝公園 2 丁目 9 番 3 号
福田組	新潟県新潟市中央区一番堀通町 3-10
住友林業	東京都千代田区大手町一丁目 3 番 2 号(経団連会館)
日本基礎技術	大阪市北区松ヶ枝町 6 番 22 号
日成ビルド工業	石川県金沢市金石北 3-16-10
ヤマダ・エスバイエルホーム	大阪市北区天満橋一丁目 8 番 30 号　OAP タワー 5 階
巴コーポレーション	東京都中央区勝どき 4-5-17 かちどき泉ビル
パナホーム	大阪府豊中市新千里西町 1 丁目 1 番 4 号
大和ハウス工業	大阪市北区梅田 3 丁目 3 番 5 号
ライト工業	東京都千代田区五番町 6 番地 2
積水ハウス	大阪市北区大淀中一丁目 1 番 88 号 梅田スカイビルタワーイースト

会社名	本社住所
日特建設	東京都中央区銀座 8 丁目 14 番 14 号
北陸電気工事	富山県富山市小中 269 番
ユアテック	仙台市宮城野区榴岡 4 丁目 1 番 1 号
西部電気工業	福岡市博多区博多駅東 3 丁目 7 番 1 号
四電工	高松市松島町 1 丁目 11 番 22 号
中電工	広島市中区小網町 6 番 12 号
関電工	東京都港区芝浦 4-8-33
きんでん	大阪市北区本庄東 2 丁目 3 番 41 号
東京エネシス	東京都中央区日本橋茅場町一丁目 3 番 1 号
トーエネック	愛知県名古屋市中区栄一丁目 20 番 31 号
住友電設	大阪市西区阿波座 2-1-4
日本電設工業	東京都台東区池之端一丁目 2 番 23 号 NDK 第二池之端ビル
協和エクシオ	東京都渋谷区渋谷 3 丁目 29 番 20 号
新日本空調	東京都中央区日本橋浜町 2-31-1　浜町センタービル
NDS	愛知県名古屋市中区千代田 2-15-18
九電工	福岡市南区那の川一丁目 23 番 35 号
三機工業	東京都中央区明石町 8 番 1 号
日揮	横浜市西区みなとみらい 2-3-1
中外炉工業	大阪市中央区平野町 3 丁目 6 番 1 号
ヤマト	東京都中央区銀座 2-16-10
太平電業	東京都千代田区神田神保町 2-4
高砂熱学工業	東京都千代田区神田駿河台 4 丁目 2 番地 5

会社名	本社住所
三晃金属工業	東京都港区芝浦四丁目 13 番 23 号
朝日工業社	東京都港区浜松町一丁目 25 番 7 号
明星工業	大阪市西区京町堀 1 丁目 8 番 5 号（明星ビル）
大氣社	東京都新宿区西新宿 8-17-1　住友不動産新宿グランドタワー
ダイダン	大阪市西区江戸堀 1 丁目 9 番 25 号
日比谷総合設備	東京都港区芝浦 4-2-8　住友不動産三田ツインビル東館
東芝プラントシステム	神奈川県横浜市鶴見区鶴見中央 4-36-5　鶴見東芝ビル
東洋エンジニアリング	東京都千代田区丸の内 1 丁目 5 番 1 号
千代田化工建設	神奈川県横浜市西区みなとみらい四丁目 6 番 2 号　みなとみらいグランドセントラルタワー
新興プランテック	横浜市磯子区新磯子町 27-5

●不動産業界

会社名	本社住所
日本駐車場開発	大阪府大阪市北区小松原町2番4号 大阪富国生命ビル
ヒューリック	東京都中央区日本橋大伝馬町7番3号
東京建物不動産販売	東京都新宿区西新宿1丁目25番1号（新宿センタービル）
三栄建築設計	東京都杉並区西荻北2-1-11 三栄本社ビル
野村不動産ホールディングス	東京都新宿区西新宿1丁目26番2号
プレサンスコーポレーション	大阪市中央区城見1丁目2番27号 クリスタルタワー27階
常和ホールディングス	東京都中央区日本橋本町一丁目7番2号　常和江戸橋ビル5階
フージャースホールディングス	東京都千代田区神田美土代町9-1 MD 神田ビル
オープンハウス	千代田区丸の内2-4-1　丸の内ビルディング12F
東急不動産ホールディングス	東京都渋谷区道玄坂1-21-2　新南平台東急ビル
エコナックホールディングス	東京都港区南青山7-8-4　高樹ハイツ
パーク24	東京都千代田区有楽町2-7-1
パラカ	東京都港区麻布台1-11-9　CR神谷町ビル9F
三井不動産	東京都中央区日本橋室町2丁目1番1号
三菱地所	東京都港区赤坂2-14-27 国際新赤坂ビル東館
平和不動産	東京都中央区日本橋兜町1番10号
東京建物	東京都中央区八重洲一丁目9番9号 東京建物本社ビル
ダイビル	大阪市北区中之島3-6-32　ダイビル本館
京阪神ビルディング	大阪市中央区瓦町四丁目2番14号
住友不動産	東京都新宿区西新宿二丁目4番1号　新宿NSビル
大京	東京都渋谷区千駄ヶ谷4-24-13　千駄ヶ谷第21大京ビル
テーオーシー	東京都品川区西五反田7丁目22番17号

会社名	本社住所
東京楽天地	東京都墨田区江東橋 4 丁目 27 番 14 号
レオパレス 21	東京都中野区本町 2 丁目 54 番 11 号
フジ住宅	大阪府岸和田市土生町 1 丁目 4 番 23 号
空港施設	東京都大田区羽田空港 1-6-5 第五綜合ビル
明和地所	千葉県浦安市入船 4-1-1　新浦安中央ビル 1F
住友不動産販売	東京都新宿区西新宿二丁目 4 番 1 号
ゴールドクレスト	東京都千代田区大手町 2-1-1
日本エスリード	大阪市福島区福島六丁目 25 番 19 号
日神不動産	東京都新宿区新宿五丁目 8 番 1 号
タカラレーベン	東京都新宿区西新宿 2-6-1 新宿住友ビル 26 階
サンヨーハウジング名古屋	愛知県名古屋市瑞穂区妙音通三丁目 31 番地の 1 サンヨー本社ビル
イオンモール	千葉県千葉市美浜区中瀬一丁目 5 番
ファースト住建	兵庫県尼崎市東難波町 5-6-9
ランド	神奈川県横浜市西区北幸一丁目 11 番 5 号　相鉄 KS ビル 6F
トーセイ	東京都港区虎ノ門四丁目 2 番 3 号
穴吹興産	香川県高松市鍛冶屋町 7-12
エヌ・ティ・ティ都市開発	東京都千代田区外神田 4-14-1 秋葉原 UDX
サンフロンティア不動産	東京都千代田区有楽町一丁目 2 番 2 号
エフ・ジェー・ネクスト	東京都新宿区西新宿 6 丁目 5 番 1 号　新宿アイランドタワー 11F
ランドビジネス	東京都千代田区霞が関三丁目 2 番 5 号霞が関ビルディング
グランディハウス	栃木県宇都宮市大通り 4 丁目 3 番 18 号
日本空港ビルデング	東京都大田区羽田空港 3-3-2　第 1 旅客ターミナルビル

第**3**章

就職活動のはじめかた

入りたい会社は決まった。しかし「就職活動とはそもそも何をしていいのかわからない」「どんな流れで進むかわからない」という声は意外と多い。ここでは就職活動の一般的な流れや内容，対策について解説していく。

▶就職活動のスケジュール

3月	**4**月	**6**月

就職活動スタート

> 2025年卒の就活スケジュールは,経団連と政府を中心に議論され,2024年卒の採用選考スケジュールから概ね変更なしとされている。

エントリー受付・提出

> 企業の説明会には積極的に参加しよう。自の企業研究だけでは見えてこなかった新たな情報を得る機会であるとともに,モチベーションアップにもつながる。また,説明会に参加した者だけに配布する資料などもある。

OB・OG訪問

合同企業説明会　　個別企業説明会

筆記試験・面接試験等始まる（3月〜）

内々定（大手企業

2月末までにやっておきたいこと

就職活動が本格化する前に，以下のことに取り組んでおこう。
◎自己分析　◎インターンシップ　◎筆記試験対策
◎業界研究・企業研究　◎学内就職ガイダンス
自分が本当にやりたいことはなにか，自分の能力を最大限に活かせる会社はどこか。自己分析と企業研究を重ね，それを文章などにして明確にしておき，面接時に最大限に活用できるようにしておこう。

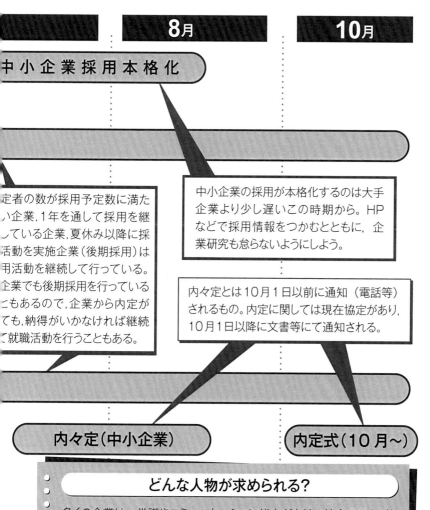

※このスケジュール表は一般的なものです。本年（2019年度）の採用スケジュール表では
　ありませんので，ご注意ください。

8月　　　　　　　**10**月

中 小 企 業 採 用 本 格 化

定者の数が採用予定数に満た
い企業,1年を通して採用を継
ている企業,夏休み以降に採
活動を実施企業（後期採用）は
用活動を継続して行っている。
企業でも後期採用を行っている
こともあるので,企業から内定が
ても,納得がいかなければ継続
て就職活動を行うこともある。

中小企業の採用が本格化するのは大手
企業より少し遅いこの時期から。HP
などで採用情報をつかむとともに，企
業研究も怠らないようにしよう。

内々定とは10月1日以前に通知（電話等）
されるもの。内定に関しては現在協定があり，
10月1日以降に文書等にて通知される。

内々定（中小企業）　　　　　内定式（10月〜）

どんな人物が求められる？

多くの企業は，常識やコミュニケーション能力があり，社会のできごと
に高い関心を持っている人物を求めている。これは「会社の一員とし
て将来の企業発展に寄与してくれるか」という視点に基づく，もっとも
普遍的な選考基準だ。もちろん，「自社の志望を真剣に考えているか」
「自社の製品，サービスにどれだけの関心を向けているか」という熱
意の部分も重要な要素になる。

就活ロールプレイ！

理論編

　就職活動のスタート

内定までの道のりは，大きく分けると以下のようになる。

自 己 分 析

↓

企 業 研 究

↓

エントリーシート・筆記試験・面接

↓

内　　定

---

01 まず自己分析からスタート

就職活動とは，「企業に自分をPRすること」。自分自身の興味，価値観に加えて，強み・能力という要素が加わって，初めて企業側に「自分が働いたら，こういうポイントで貢献できる」と自分自身を売り込むことができるようになる。

■自分の来た道を振り返る

自己分析をするための第一歩は，「振り返ってみる」こと。

小学校，中学校など自分のいた"場"ごとに何をしたか（部活動など），何を学んだか，交友関係はどうだったか，興味のあったこと，覚えている印象的なことを書き出してみよう。

■テストを受けてみる

"自分では気がついていない能力"を客観的に検査してもらうことで，自分に向いている職種が見えてくる。下記の5種類が代表的なものだ。

①職業適性検査　②知能検査　③性格検査

④職業興味検査　⑤創造性検査

■先輩や専門家に相談してみる

　就職活動をするうえでは，"いかに他人に自分のことをわかってもらうか"が重要なポイント。他者の視点で自分を分析してもらうことで，より客観的な視点で自己PRができるようになる。

自己分析の流れ

❏過去の経験を書いてみる

❏現在の自己イメージを明確にする…行動，考え方，好きなものなど。

❏他人から見た自分を明確にする

❏将来の自分を明確にしてみる…どのような生活をおくっていたいか。期待，夢，願望。なりたい自分はどういうものか，掘り下げて考える。→自己分析結果を，志望動機につなげていく。

01 企業の絞り込み

　志望企業の絞り込みについての考え方は大きく分けて2つある。

　第1は，同一業種の中で1次候補，2次候補……と絞り込んでいく方法。

　第2は，業種を1次，2次，3次候補と変えながら，それぞれに2社程度ずつ絞り込んでいく方法。

　第1の方法では，志望する同一業種の中で，一流企業，中堅企業，中小企業，縁故などがある歯止めの会社……というふうに絞り込んでいく。

　第2の方法では，自分が最も望んでいる業種，将来好きになれそうな業種，発展性のある業種，安定性のある業種，現在好況な業種……というふうに区別して，それぞれに適当な会社を絞り込んでいく。

02 情報の収集場所

- ・キャリアセンター
- ・新聞
- ・インターネット
- ・企業情報

『就職四季報』（東洋経済新報社刊），『日経会社情報』（日本経済新聞社刊）などの企業情報。この種の資料は本来“株式市場”についての資料だが，その時期の景気動向を含めた情報を仕入れることができる。

- ・経済雑誌

『ダイヤモンド』（ダイヤモンド社刊）や『東洋経済』（東洋経済新報社刊），『エコノミスト』（毎日新聞出版刊）など。

- ・OB・OG／社会人

①成長力

まず"売上高"。次に資本力の問題や利益率などの比率。いくら資本金があっても，それを上回る膨大な借金を抱えていて，いくら稼いでも利払いに追われまくるようでは，成長できないし，安定できない。

成長力を見るには自己資本率を割り出してみる。自己資本を総資本で割って100を掛けると自己資本率がパーセントで出てくる。自己資本の比率が高いほうが成長力もあり安定度も高い。

利益率は純利益を売上高で割って100を掛ける。利益率が高ければ，企業はどんどん成長するし，社員の待遇も上昇する。利益率が低いということは，仕事がどんなに忙しくても利益にはつながらないということになる。

②技術力

技術力は，短期的な見方と長期的な展望が必要になってくる。研究部門が適切な規模か，大学など企業外の研究部門との連絡があるか，先端技術の分野で開発を続けているかどうかなど。

③経営者と経営形態

会社が将来，どのような発展をするか，または衰退するかは経営者の経営哲学，経営方針によるところが大きい。社長の経歴を知ることも必要。創始者の息子，孫といった親族が社長をしているのか，サラリーマン社長か，官庁などからの天下りかということも大切なチェックポイント。

④社風

社風というのは先輩社員から後輩社員に伝えられ，教えられるもの。社風もいろいろな面から必ずチェックしよう。

⑤安定性

企業が成長しているか，安定しているかということは車の両輪。どちらか片方の回転が遅くなっても企業はバランスを失う。安定し，しかも成長する。これが企業として最も理想とするところ。

⑥待遇

初任給だけを考えてみても，それが手取りなのか，基本給なのか。基本給というのはボーナスから退職金，定期昇給の金額にまで響いてくる。また，待遇というのは給与ばかりではなく，福利厚生施設でも大きな差が出てくる。

■そのほかの会社比較の基準

1. ゆとり度

　休暇制度は，企業によって独自のものを設定しているところもある。「長期休暇制度」といったものなどの制定状況と，また実際に取得できているかどうかも調べたい。

2. 独身寮や住宅設備

　最近では，社宅は廃止し，住宅手当を多く出すという流れもある。寮や社宅についての福利厚生は調べておく。

3. オフィス環境

　会社に根づいた慣習や社員に対する考え方が，意外にオフィスの設備やレイアウトに表れている場合がある。

　たとえば，個人の専有スペースの広さや区切り方，パソコンなどOA機器の設置状況，上司と部下の机の配置など，会社によってずいぶん違うもの。玄関ロビーや受付の様子を観察するだけでも，会社ごとのカラーや特徴がどこかに見えてくる。

4. 勤務地

　転勤はイヤ，どうしても特定の地域で生活していきたい。そんな声に応えて，最近は流通業などを中心に，勤務地限定の雇用制度を取り入れる企業も増えている。

---

column　初任給では分からない本当の給与

　会社の給与水準には「初任給」「平均給与」「平均ボーナス」「モデル給与」など，判断材料となるいくつかのデータがある。これらのデータからその会社の給料の優劣を判断するのは非常に難しい。

　たとえば中小企業の中には，初任給が飛び抜けて高い会社がときどきある。しかしその後の昇給率は大きくないのがほとんど。

　一方，大手企業の初任給は業種間や企業間の差が小さく，ほとんど横並びと言っていい。そこで，「平均給与」や「平均ボーナス」などで将来の予測をするわけだが，これは一応の目安とはなるが，個人差があるので正確とは言えない。

04 就職ノートの作成

■決定版「就職ノート」はこう作る

　1冊にすべて書き込みたいという人には，ルーズリーフ形式のノートがお勧め。会社研究，スケジュール，時事用語，OB／OG訪問，切り抜きなどの項目を作りインデックスをつける。

　カレンダー，説明会，試験などのスケジュール表を貼り，とくに会社別の説明会，面談，書類提出，試験の日程がひと目で分かる表なども作っておく。そして見開き2ページで1社を載せ，左ページに企業研究，右ページには志望理由，自己PRなどを整理する。

就職ノートの主なチェック項目

❏企業研究…資本金，業務内容，従業員数など基礎的な会社概要から，過去の採用状況，業務報告などのデータ

❏採用試験メモ…日程，条件，提出書類，採用方法，試験の傾向など

❏店舗・営業所見学メモ…流通関係，銀行などの場合は，客として訪問し，商品（値段，使用価値，ユーザーへの配慮），店員（接客態度，商品知識，熱意，親切度），店舗（ショーケース，陳列の工夫，店内の清潔さ）などの面をチェック

❏OB／OG訪問メモ…OB／OGの名前，連絡先，訪問日時，面談場所，質疑応答のポイント，印象など

❏会社訪問メモ…連絡先，人事担当者名，会社までの交通機関，最寄り駅からの地図，訪問のときに得た情報や印象，訪問にいたるまでの経過も記入

　「OB／OG訪問」は，実際は採用予備選考開始。まず，OB／OG訪問を希望したら，大学のキャリアセンター，教授などの紹介で，志望企業に勤める先輩の手がかりをつかむ。もちろん直接電話なり手紙で，自分の意向を会社側に伝えてもいい。自分の在籍大学，学部をはっきり言って，「先輩を紹介していただけないでしょうか」と依頼しよう。

参考

OB／OG訪問時の質問リスト例

●採用について
- ・成績と面接の比重
- ・評価のポイント
- ・採用までのプロセス（日程）
- ・筆記試験の傾向と対策
- ・面接は何回あるか
- ・コネの効力はどうか
- ・面接で質問される事項　etc.

●仕事について
- ・内容（入社10年，20年のOB/OG）
- ・新入社員の仕事
- ・希望職種につけるのか
- ・やりがいはどうか
- ・残業，休日出勤，出張など
- ・同業他社と比較してどうか　etc.

●社風について
- ・社内のムード
- ・上司や同僚との関係
- ・仕事のさせ方　etc.

●待遇について
- ・給与について
- ・福利厚生の状態
- ・昇進のスピード
- ・離職率について　etc.

インターンシップとは，学生向けに企業が用意している「就業体験」プログラム。ここで学生はさまざまな企業の実態をより深く知ることができ，その後の就職活動において自己分析，業界研究，職種選びなどに活かすことができる。また企業側にとっても有能な学生を発掘できるというメリットがあるため，導入する企業は増えている。

インターンシップ参加が採用につながっているケースもあるため，たくさん参加してみよう。

---

column コネを利用するのも１つの手段？

コネを活用できるのは，以下のような場合である。

・企業と大学に何らかの「連絡」がある場合

企業の新卒採用の場合，特定校・指定校が決められていることもある。企業側が過去の実績などに基づいて決めており，大学の力が大きくものをいう。

とくに理工系では，指導教授や研究室と企業との連絡が密接な場合が多く，教授の推薦が有利であることは言うまでもない。同じ大学出身の先輩とのコネも，この部類に区分できる。

・志望企業と「関係」ある人と関係がある場合

一般的に言えば，志望企業の取り引き先関係からの紹介というのが一番多い。ただし，年間億単位の実績が必要で，しかも部長・役員以上につながっていなければコネがあるとは言えない。

・志望企業と何らかの「親しい関係」がある場合

志望企業に勤務したりアルバイトをしていたことがあるという場合。インターンシップもここに分類される。職場にも馴染みがあり人間関係もできているので，就職に際してきわめて有利。

・志望会社に関係する人と「縁故」がある場合

縁故を「血縁関係」とした場合，日本企業ではこのコネはかなり有効なところもある。ただし，血縁者が同じ会社にいるというのは不都合なことも多いので，どの企業も慎重。

---

1. 受付の様子

受付事務がテキパキとしていて、分かりやすいかどうか。社員の態度が親切で誠意が伝わってくるかどうか。

こういった受付の様子からでも、その会社の社員教育の程度や、新入社員採用に対する熱意とか期待を推し測ることができる。

2. 控え室の様子

控え室が2カ所以上あって、国立大学と私立大学の訪問者とが、別々に案内されているようなことはないか。また、面談の順番を意図的に変えているようなことはないか。これはよくある例で、すでに大半は内定しているということを意味する場合が多い。

3. 社内の雰囲気

社員の話し方、その内容を耳にはさむだけでも、社風が伝わってくる。

4. 面談の様子

何時間も待たせたあげくに、きわめて事務的に、しかも投げやりな質問しかしないような採用担当者である場合、この会社は人事が適正に行われていないということだから、一考したほうがよい。

参考 ▶ 説明会での質問項目

・質問内容が抽象的でなく、具体性のあるものかどうか。
・質問内容は、現在の社会・経済・政治などの情況を踏まえた、
　大学生らしい高度で専門性のあるものか。
・質問をするのはいいが、「それでは、あなたの意見はどうか」と
　逆に聞かれたとき、自分なりの見解が述べられるものであるか。

提出書類を用意する

提出する書類は6種類。①〜③が大学に申請する書類，④〜⑥が自分で書く書類だ。大学に申請する書類は一度に何枚も入手しておこう。

- ①「卒業見込証明書」
- ②「成績証明書」
- ③「健康診断書」
- ④「履歴書」
- ⑤「エントリーシート」
- ⑥「会社説明会アンケート」

■自分で書く書類は「自己PR」

第1次面接に進めるか否かは「自分で書く書類」の出来にかかっている。「履歴書」と「エントリーシート」は会社説明会に行く前に準備しておくもの。「会社説明会アンケート」は説明会の際に書き，その場で提出する書類だ。

01 履歴書とエントリーシートの違い

Webエントリーを受け付けている企業に資料請求をすると，資料と一緒に「エントリーシート」が送られてくるので，応募サイトのフォームやメールでエントリーシートを送付する。Webエントリーを行っていない企業には，ハガキやメールで資料請求をする必要があるが，「エントリーシート」は履歴書とは異なり，企業が設定した設問に対して回答するもの。すなわちこれが「1次試験」であり，これにパスをした人だけが会社説明会に呼ばれる。

■字はていねいに

字を書くところから，その企業に対する"本気度"は測られている。

■誤字，脱字は厳禁

使用するのは，黒のインク。

■修正液使用は不可

■数字は算用数字

■自分の広告を作るつもりで書く

自分はこういう人間であり，何がしたいかということを簡潔に書く。メリットになることだけで良い。自分に損になるようなことを書く必要はない。

■「やる気」を示す具体的なエピソードを

「私はやる気があります」「私は根気があります」という抽象的な表現だけではNG。それを示すエピソードのようなものを書かなくては意味がない。

Point

自己紹介欄の項目はすべて「自己PR」。自分はこういう人間であることを印象づけ，それがさらに企業への「志望動機」につながっていくような書き方をする。

---

column　履歴書やエントリーシートは，共通でもいい？

「履歴書」や「エントリーシート」は企業によって書き分ける。業種はもちろん，同じ業界の企業であっても求めている人材が違うからだ。各書類は提出前にコピーを取り，さらに出した企業名を忘れずに書いておくことも大切だ。

写真	スナップ写真は不可。 スーツ着用で,胸から上の物を使用する。ポイントは「清潔感」。 氏名・大学名を裏書きしておく。
日付	郵送の場合は投函する日,持参する場合は持参日の日付を記入する。
生年月日	西暦は避ける。元号を省略せずに記入する。
氏名	戸籍上の漢字を使う。印鑑押印欄があれば忘れずに押す。
住所	フリガナ欄がカタカナであればカタカナで,平仮名であれば平仮名で記載する。
学歴	最初の行の中央部に「学□□歴」と2文字程度間隔を空けて,中学校卒業から大学(卒業・卒業見込み)まで記入する。 中途退学の場合は,理由を簡潔に記載する。留年は記入する必要はない。 職歴がなければ,最終学歴の一段下の行の右隅に,「以上」と記載する。
職歴	最終学歴の一段下の行の中央部に「職□□歴」と2文字程度間隔を空け記入する。 「株式会社」や「有限会社」など,所属部門を省略しないで記入する。 「同上」や「〃」で省略しない。 最終職歴の一段下の行の右隅に,「以上」と記載する。
資格・免許	4級以下は記載しない。学習中のものも記載して良い。 「普通自動車第一種運転免許」など,省略せずに記載する。
趣味・特技	具体的に(例:読書でもジャンルや好きな作家を)記入する。
志望理由	その企業の強みや良い所を見つけ出したうえで,「自分の得意な事」がどう活かせるかなどを考えぬいたものを記入する。
自己PR	応募企業の事業内容や職種にリンクするような,自分の経験やスキルなどを記入する。
本人希望欄	面接の連絡方法,希望職種・勤務地などを記入する。「特になし」や空白はNG。
家族構成	最初に世帯主を書き,次に配偶者,それから家族を祖父母,兄弟姉妹の順に。続柄は,本人から見た間柄。兄嫁は,義姉と書く。
健康状態	「良好」が一般的。

01 エントリーシートの目的

・応募者を，決められた採用予定者数に絞り込むこと

・面接時の資料にする

の2つ。

■知りたいのは職務遂行能力

採用担当者が学生を見る場合は，「こいつは与えられた仕事をこなせるかどう
か」という目で見ている。企業に必要とされているのは仕事をする能力なのだ。

Point

> 質問に忠実に，"自分がいかにその会社の求める人材に当てはまるか"を
> 丁寧に答えること。

02 効果的なエントリーシートの書き方

■情報を伝える書き方

課題をよく理解していることを相手に伝えるような気持ちで書く。

■文章力

大切なのは全体のバランスが取れているか。書く前に，何をどれくらいの字
数で収めるか計算しておく。

「起承転結」でいえば，「起」は，文章を起こす導入部分。「承」は，起を受け
て，その提起した問題に対して承認を求める部分。「転」は，自説を展開する
部分。もっともオリジナリティが要求される。「結」は，最後の締めの結論部分。
文章の構成・まとめる力で，総合的な能力が高いことをアピールする。

エントリーシートでよく取り上げられる題材と，その出題意図

エントリーシートで求められるものは，「自己PR」「志望動機」「将来どうなりたいか（目指すこと）」の3つに大別される。

1.「自己PR」

自己分析にしたがって作成していく。重要なのは，「なぜそうしようと思ったか？」「○○をした結果，何が変わったのか？何を得たのか？」という"連続性"が分かるかどうかがポイント。

2.「志望動機」

自己PRと一貫性を保ち，業界志望理由と企業志望理由を差別化して表現するように心がける。志望する業界の強みと弱み，志望企業の強みと弱みの把握は基本。

3.「将来の展望」

どんな社員を目指すのか，仕事へはどう臨もうと思っているか，目標は何か，などが問われる。仕事内容を事前に把握しておくだけでなく，5年後の自分，10年後の自分など，具体的な将来像を描いておくことが大切。

表現力，理解力のチェックポイント

❏文法，語法が正しいかどうか
❏論旨が論理的で一貫しているかどうか
❏1センテンスが簡潔かどうか
❏表現が統一されているかどうか（「です，ます」調か「だ，である」調か）

01 個人面接

●自由面接法

面接官と受験者のキャラクターやその場の雰囲気，質問と応答の進行具合などによって雑談形式で自由に進められる。

●標準面接法

自由面接法とは逆に，質問内容や評価の基準などがあらかじめ決まっている。実際には自由面接法と併用で，おおまかな質問事項や判定基準，評価ポイントを決めておき，質疑応答の内容上の制限を緩和しておくスタイルが一般的。1次面接などでは標準面接法をとり，2次以降で自由面接法をとる企業も多い。

●非指示面接法

受験者に自由に発言してもらい，面接官は話題を引き出したりするときなど，最小限の質問をするという方法。

●圧迫面接法

わざと受験者の精神状態を緊張させ，受験者がどのような応答をするかを観察し，判定する。受験者は，冷静に対応することが肝心。

02 集団面接

面接の方法は個人面接と大差ないが，面接官がひとつの質問をして，受験者が順にそれに答えるという方法と，面接官が司会役になって，座談会のような形式で進める方法とがある。

座談会のようなスタイルでの面接は，なるべく受験者全員が関心をもっているような話題を取りあげ，意見を述べさせるという方法。この際，司会役以外の面接官は一言も発言せず，判定・評価に専念する。

03 グループディスカッション

　グループディスカッション（以下，GD）の時間は30〜60分程度，1グループの人数は5〜10人程度で，司会は面接官が行う場合や，時間を決めて学生が交替で行うことが多い。面接官は内容については特に指示することはなく，受験者がどのようにGDを進めるかを観察する。

　評価のポイントは，全体的には理解力，表現力，指導性，積極性，協調性など，個別的には性格，知識，適性などが観察される。

　GDの特色は，集団の中での個人ということで，受験者の能力がどの程度のものであるか，また，どのようなことに向いているかを判定できること。受験者は，グループの中における自分の位置を面接官に印象づけることが大切だ。

グループディスカッション方式の面接におけるチェックポイント

- ❏全体の中で適切な論点を提供できているかどうか。
- ❏問題解決に役立つ知識を持っているか，また提供できているかどうか。
- ❏もつれた議論を解きほぐし，的はずれの議論を元に引き戻す努力をしているかどうか。
- ❏グループ全体としての目標をいつも考えているかどうか。
- ❏感情的な対立や攻撃をしかけているようなことはないか。
- ❏他人の意見に耳を傾け，よい意見には賛意を表し，それを全体に推し広げようという寛大さがあるかどうか。
- ❏議論の流れを自然にリードするような主導性を持っているかどうか。
- ❏提出した意見が議論の進行に大きな影響を与えているかどうか。

04 面接時の注意点

●控え室

　控え室には，指定された時間の15分前には入室しよう。そこで担当の係から，面接に際しての注意点や手順の説明が行われるので，疑問点は積極的に聞くようにし，心おきなく面接にのぞめるようにしておこう。会社によっては，所定のカードに必要事項を書き込ませたり，お互いに自己紹介をさせたりする場合もある。また，この控え室での行動も細かくチェックして，合否の資料にしている会社もある。

●入室・面接開始

係員がドアの開閉をしてくれる場合もあるが，それ以外は軽くノックして入室し，必ずドアを閉める。そして入口近くで軽く一礼し，面接官か補助員の「どうぞ」という指示で正面の席に進み，ここで再び一礼をする。そして，学校名と氏名を名のって静かに着席する。着席時は，軽く椅子にかけるようにする。

●面接終了と退室

面接の終了が告げられたら，椅子から立ち上がって一礼し，椅子をもとに戻して，面接官または係員の指示を受けて退室する。

その際も，ドアの前で面接官のほうを向いて頭を下げ，静かにドアを開閉する。控え室に戻ったら，係員の指示を受けて退社する。

05 面接試験の評定基準

●協調性

企業という「集団」では，他人との協調性が特に重視される。

感情や態度が円満で調和がとれていること，極端に好悪の情が激しくなく，物事の見方や考え方が穏健で中立であることなど，職場での人間関係を円滑に進めていくことのできる人物かどうかが評価される。

●話し方

外観印象的には，言語の明瞭さや応答の態度そのものがチェックされる。小さな声で自信のない発言，乱暴野卑な発言は減点になる。

考えをまとめたら，言葉を選んで話すくらいの余裕をもって，真剣に応答しようとする姿勢が重視される。軽率な応答をしたり，まして発言に矛盾を指摘されるような事態は極力避け，もしそのような状況になりそうなときは，自分の非を認めてはっきりと謝るような態度を示すべき。

●好感度

実社会においては，外観による第一印象が，人間関係や取引に大きく影響を及ぼす。

「フレッシュな爽やかさ」に加え，入社志望など，自分の意思や希望をより明確にすることで，強い信念に裏づけられた姿勢をアピールできるよう努力したい。

●判断力

何を質問されているのか，何を答えようとしているのか，常に冷静に判断していく必要がある。

●**表現力**

話に筋道が通り理路整然としているか，言いたいことが簡潔に言えるか，話し方に抑揚があり聞く者に感銘を与えるか，用語が適切でボキャブラリーが豊富かどうか。

●**積極性**

活動意欲があり，研究心旺盛であること，進んで物事に取り組み，創造的に解決しようとする意欲が感じられること，話し方にファイトや情熱が感じられること，など。

●**計画性**

見通しをもって順序よく合理的に仕事をする性格かどうか，またその能力の有無。企業の将来性のなかに，自分の将来をどうかみ合わせていこうとしているか，現在の自分を出発点として，何を考え，どんな仕事をしたいのか。

●**安定性**

情緒の安定は，社会生活に欠くことのできない要素。自分自身をよく知っているか，他の人に流されない信念をもっているか。

●**誠実性**

自分に対して忠実であろうとしているか，物事に対してどれだけ誠実な考え方をしているか。

●**社会性**

企業は集団活動なので，自分の考えに固執したり，不平不満が多い性格は向かない。柔軟で適応性があるかどうか。

> 清潔感や明朗さ，若々しさといった外観面も重視される。

06 面接試験の質問内容

1. 志望動機

受験先の概要や事業内容はしっかりと頭の中に入れておく。また，その企業の企業活動の社会的意義と，自分自身の志望動機との関連を明確にしておく。「安定している」「知名度がある」「将来性がある」といった利己的な動機，「自

分の性格に合っている」というような，あいまいな動機では説得力がない。安定性や将来性は，具体的にどのような企業努力によって支えられているのかという考察も必要だし，それに対する受験者自身の評価や共感なども問われる。

①どうしてその業種なのか

②どうしてその企業なのか

③どうしてその職種なのか

以上の①～③と，自分の性格や資質，専門などとの関連性を説明できるようにしておく。

自分がどうしてその会社を選んだのか，どこに大きな魅力を感じたのかを，できるだけ具体的に，情熱をもって語ることが重要。自分の長所と仕事の適性を結びつけてアピールし，仕事のやりがいや仕事に対する興味を述べるのもよい。

■複数の企業を受験していることは言ってもいい？

同じ職種，同じ業種で何社かかけもちしている場合，正直に答えてもかまわない。しかし，「第一志望はどこですか」というような質問に対して，正直に答えるべきかどうかというと，やはりこれは疑問がある。どんな会社でも，他社を第一志望にあげられれば，やはり愉快には思わない。

また，職種や業種の異なる会社をいくつか受験する場合も同様で，極端に性格の違う会社をあげれば，その矛盾を突かれるのは必至だ。

2. 仕事に対する意識・職業観

採用試験の段階では，次年度の配属予定が具体的に固まっていない会社もかなりある。具体的に職種や部署などを細分化して募集している場合は別だが，そうでない場合は，希望職種をあまり狭く限定しないほうが賢明。どの業界においても，採用後，新入社員には，研修としてその会社の各セクションをひと通り経験させる企業は珍しくない。そのうえで，具体的な配属計画を検討するのだ。

大切なことは，就職や職業というものを，自分自身の生き方の中にどう位置づけるか，また，自分の生活の中で仕事とはどういう役割を果たすのかを考えてみること。つまり自分の能力を活かしたい，社会に貢献したい，自分の存在価値を社会的に実現してみたい，ある分野で何か自分の力を試してみたい……，などの場合を考え，それを自分自身の人生観，志望職種や業種などとの関係を考えて組み立ててみる。自分の人生観をもとに，それを自分の言葉で表現できるようにすることが大切。

3. 自己紹介・自己PR

性格そのものを簡単に変えたり，欠点を克服したりすることは実際には難しいが，“仕方がない”という姿勢を見せることは禁物で，どんなささいなことでも，努力している面をアピールする。また一般的にいって，専門職を除けば，就職時になんらかの資格や技能を要求する企業は少ない。

ただ，資格をもっていれば採用に有利とは限らないが，専門性を要する業種では考慮の対象とされるものもある。たとえば英検，簿記など。

企業が学生に要求しているのは，4年間の勉学を重ねた学生が，どのように仕事に有用であるかということで，学生の知識や学問そのものを聞くのが目的ではない。あくまで，社会人予備軍としての謙虚さと素直さを失わないようにする。

知識や学力よりも，その人の人間性，ビジネスマンとしての可能性を重視するからこそ，面接担当者は，学生生活全般について尋ねることで，書類だけでは分からない人間性を探ろうとする。

何かうち込んだものや思い出に残る経験などは，その人の人間的な成長になんらかの作用を及ぼしているものだ。どんな経験であっても，そこから受けた印象や教訓などは，明確に答えられるようにしておきたい。

4. 一般常識・時事問題

一般常識・時事問題については筆記試験の分野に属するが，面接でこうしたテーマがもち出されることも珍しくない。受験者がどれだけ社会問題に関心をもっているか，一般常識をもっているか，また物事の見方・考え方に偏りがないかなどを判定する。知識や教養だけではなく，一問一答の応答を通じて，その人の性格や適応能力まで判断されることになる。

07 面接に向けての事前準備

■面接試験1カ月前までには万全の準備をととのえる

●志望会社・職種の研究

新聞の経済欄や経済雑誌などのほか，会社年鑑，株式情報など書物による研究をしたり，インターネットにあがっている企業情報や，検索によりさまざまな角度から調べる。すでにその会社へ就職している先輩や知人に会って知識を得たり，大学のキャリアセンターへ情報を求めるなどして総合的に判断する。

■専攻科目の知識・卒論のテーマなどの整理

大学時代にどれだけ勉強してきたか，専攻科目や卒論のテーマなどを整理しておく。

■時事問題に対する準備

毎日欠かさず新聞を読む。志望する企業の話題は，就職ノートに整理するなどもアリ。

面接当日の必需品

❏必要書類（履歴書，卒業見込証明書，成績証明書，健康診断書，推薦状）

❏学生証

❏就職ノート（志望企業ファイル）

❏印鑑，朱肉

❏筆記用具（万年筆，ボールペン，サインペン，シャープペンなど）

❏手帳，ノート

❏地図（訪問先までの交通機関などをチェックしておく）

❏現金（小銭も用意しておく）

❏腕時計（オーソドックスなデザインのもの）

❏ハンカチ，ティッシュペーパー

❏くし，鏡（女性は化粧品セット）

❏シューズクリーナー

❏ストッキング

❏折りたたみ傘（天気予報をチェックしておく）

❏携帯電話，充電器

■一般常識試験

社会人として企業活動を行ううえで最低限必要となる一般常識のほか，
英語，国語，社会(時事問題)，数学などの知識の程度を確認するもの。

　難易度はおおむね中学・高校の教科書レベル。一般常識の問題集を1冊やっ
ておけばよいが，業界によっては専門分野が出題されることもあるため，必ず
志望する企業のこれまでの試験内容は調べておく。

■一般常識試験の対策

・英語　慣れておくためにも，教科書を復習する，英字新聞を読むなど。

・国語　漢字，四字熟語，反対語，同音異義語，ことわざをチェック。

・時事問題　新聞や雑誌，テレビ，ネットニュースなどアンテナを張っておく。

■適性検査

　SPI（Synthetic Personality Inventory）試験（SPI3試験）とも呼ばれ，能力
テストと性格テストを合わせたもの。

　能力テストでは国語能力を測る「言語問題」と，数学能力を測る「非言語問題」
がある。言語的能力，知覚能力，数的能力のほか，思考・推理能力，記憶力，
注意力などの問題で構成されている。

　性格テストは「はい」か「いいえ」で答えていく。仕事上の適性と性格の傾向
などが一致しているかどうかをみる。

SPIは職務への適応性を客観的にみるためのもの。

01 「論文」と「作文」

　一般に「論文」はあるテーマについて自分の意見を述べ，その論証をする文章で，必ず意見の主張とその論証という2つの部分で構成される。問題提起と論旨の展開，そして結論を書く。

　「作文」は，一般的には感想文に近いテーマ，たとえば「私の興味」「将来の夢」といったものがある。

　就職試験では「論文」と「作文」を合わせた“論作文”とでもいうようなものが出題されることが多い。

　論作文試験とは，「文章による面接」。テーマに書き手がどういう態度を持っているかを知ることが，出題の主な目的だ。受験者の知識・教養・人生観・社会観・職業観，そして将来への希望などが，どのような思考を経て，どう表現されているかによって，企業にとって，必要な人物かどうかを判断している。

　論作文の場合には，書き手の社会的意識や考え方に加え，「感銘を与える」働きが要求される。就職活動とは，企業に対し「自分をアピールすること」だということを常に念頭に置いておきたい。

Point

論文と作文の違い

	論　　文	作　　文
テーマ	学術的・社会的・国際的なテーマ。時事，経済問題など	個人的・主観的なテーマ。人生観，職業観など
表現	自分の意見や主張を明確に述べる。	自分の感想を述べる。
展開	四段型（起承転結）の展開が多い。	三段型（はじめに・本文・結び）の展開が多い。
文体	「だ調・である調」のスタイルが多い。	「です調・ます調」のスタイルが多い。

・テーマ

与えられた課題（テーマ）を，受験者はどのように理解しているか。

出題されたテーマの意義をよく考え，それに対する自分の意見や感情が，十分に整理されているかどうか。

・表現力

課題について本人が感じたり，考えたりしたことを，文章で的確に表しているか。

・字・用語・その他

かなづかいや送りがなが合っているか，文中で引用されている格言やことわざの類が使用法を間違えていないか，さらに誤字・脱字に至るまで，文章の基本的な力が受験者の人柄ともからんで厳密に判定される。

・オリジナリティ

魅力がある文章とは，オリジナリティを率直に出すこと。自分の感情や意見を，自分の言葉で表現する。

・生活態度

文章は，書き手の人格や人柄を映し出す。平素の社会的関心や他人との協調性，趣味や読書傾向はどうであるかといった，受験者の日常における生き方，生活態度がみられる。

・字の上手・下手

できるだけ読みやすい字を書く努力をする。また，制限字数より文章が長くなって原稿用紙の上下や左右の空欄に書き足したりすることは避ける。消しゴムで消す場合にも，丁寧に。

いずれの場合でも，表面的な文章力を問うているのではなく，受験者の人柄のほうを重視している。

マナーチェックリスト

就活において企業の人事担当は，面接試験やOG／OB訪問，そして面接試験において，あなたのマナーや言葉遣いといった，「常識力」をチェックしている。現在の自分はどのくらい「常識力」が身についているかをチェックリストで振りかえり，何ができて，何ができていないかを明確にしたうえで，今後の取り組みに生かしていこう。

評価基準　5：大変良い　4：やや良い　3：どちらともいえない　2：やや悪い　1：悪い

	項 目	評 価	メ モ
挨拶	明るい笑顔と声で挨拶をしているか		
	相手を見て挨拶をしているか		
	相手より先に挨拶をしているか		
	お辞儀を伴った挨拶をしているか		
	直接の応対者でなくても挨拶をしているか		
表情	笑顔で応対しているか		
	表情に私的感情がでていないか		
	話しかけやすい表情をしているか		
	相手の話は真剣な顔で聞いているか		
身だしなみ	前髪は目にかかっていないか		
	髪型は乱れていないか／長い髪はまとめているか		
	髭の剃り残しはないか／化粧は健康的か		
	服は汚れていないか／清潔に手入れされているか		
	機能的で職業・立場に相応しい服装をしているか		
	華美なアクセサリーはつけていないか		
	爪は伸びていないか		
	靴下の色は適当か／ストッキングの色は自然な肌色か		
	靴の手入れは行き届いているか		
	ポケットに物を詰めすぎていないか		

項 目		評 価	メ モ
言葉遣い	専門用語を使わず，相手にわかる言葉で話しているか		
	状況や相手に相応しい敬語を正しく使っているか		
	相手の聞き取りやすい音量・速度で話しているか		
	語尾まで丁寧に話しているか		
	気になる言葉癖はないか		
動作	物の授受は両手で丁寧に実施しているか		
	案内・指し示し動作は適切か		
	キビキビとした動作を心がけているか		
心構え	勤務時間・指定時間の5分前には準備が完了しているか		
	心身ともに健康管理をしているか		
	仕事とプライベートの切替えができているか		

☑ 常に自己点検をするクセをつけよう

「人を表情やしぐさ，身だしなみなどの見かけで判断してはいけない」と一般にいわれている。確かに，人の個性は見かけだけではなく，内面においても見いだされるもの。しかし，私たちは人を第一印象である程度決めてしまう傾向がある。それが面接試験など初対面の場合であればなおさらだ。したがって，チェックリストにあるような挨拶，表情，身だしなみ等に注意して面接試験に臨むことはとても重要だ。ただ，これらは面接試験前にちょっと対策したからといって身につくようなものではない。付け焼き刃的な対策をして面接試験に臨んでも，面接官はあっという間に見抜いてしまう。日頃からチェックリストにあるような項目を意識しながら行動することが大事であり，そうすることで，最初はぎこちない挨拶や表情等も，その人の個性に応じたすばらしい所作へ変わっていくことができるのだ。さっそく，本日から実行してみよう。

面接試験において，印象を決定づける表情はとても大事。
どのようにすれば感じのいい表情ができるのか，ポイントを確認していこう。

明るく,温和で 柔らかな表情をつくろう

人間関係の潤滑油

表情に関しては，まずは豊かである
ということがベースになってくる。う
れしい表情，困った表情，驚いた表
情など，さまざまな気持ちを表現で
きるということが，人間関係を潤いの
あるものにしていく。

Point

　表情はコミュニケーションの大前提。相手に「いつでも話しかけてくださ
いね」という無言の言葉を発しているのが，就活に求められる表情だ。面接
官が安心してコミュニケーションをとろうと思ってくれる表情。それが，明
るく，温和で柔らかな表情となる。

カンタンTraining

Training **01**

喜怒哀楽を表してみよう

- 人との出会いを楽しいと思うことが表情の基本
- 表情を豊かにする大前提は相手の気持ちに寄り添うこと
- 目元・口元だけでなく，眉の動きを意識することが大事

Training **02**

表情筋のストレッチをしよう

- 表情筋は「ウイスキー」の発音によって鍛える
- 意識して毎日，取り組んでみよう
- 笑顔の共有によって相手との距離が縮まっていく

コミュニケーションは挨拶から始まり，その挨拶ひとつで印象は変わるもの。
ポイントを確認していこう。

丁寧にしっかりと
はっきり挨拶をしよう

人間関係の第一歩

挨拶は心を開いて，相手に近づくコミュニケーションの第一歩。たかが挨拶，されど挨拶の重要性をわきまえて，きちんとした挨拶をしよう。形，つまり"技"も大事だが，心をこめることが最も重要だ。

Point

　挨拶はコミュニケーションの第一歩。相手が挨拶するのを待っているのは望ましくない。挨拶の際のポイントは丁寧であることと，はっきり声に出すことの2つ。丁寧な挨拶は，相手を大事にして迎えている気持ちの表れとなる。はっきり声に出すことで，これもきちんと相手を迎えていることが伝わる。また，相手もその応答として挨拶してくれることで，会ってすぐに双方向のコミュニケーションが成立する。

いますぐデキる
カンタンTraining

Training 01

３つのお辞儀をマスターしよう

① 会釈（15度）

② 敬礼（30度）

③ 最敬礼（45度）

・息を吸うことを意識してお辞儀をするとキレイな姿勢に
・目線は真下ではなく，床前方1.5m先ぐらいを見よう
・相手への敬意を忘れずに

Training 02

対面時は言葉が先，お辞儀が後

・相手に体を向けて先に自ら挨拶をする
・挨拶時，相手とアイコンタクトを
　しっかり取ろう
・挨拶の後に，お辞儀をする。
　これを「語先後礼」という

コミュニケーションは「話す」よりも「聞く」ことといわれる。相手が話しやすい聞き方の，ポイントを確認しよう。

受容の立場で
傾聴しよう

相手の話を受けとめる

話を聞くときは，やや前に傾く姿勢をとる。表情と姿勢が合わさることにより，話し手の心が開き「あれも，これも話そう」という気持ちになっていく。また，「はい」と一度のお辞儀で頷くと相手の話を受け止めているというメッセージにつながる。

Point

　話をすること，話を聞いてもらうことは誰にとってもプレッシャーを伴うもの。そのため，「何でも話して良いんですよ」「何でも話を聞きますよ」「心配しなくて良いんですよ」という気持ちで聞くことが大切になる。その気持ちが聞く姿勢に表れれば，相手は安心して話してくれる。

いますぐデキる
カンタンTraining

Training **01**

頷きは一度で

- 相手が話した後に「はい」と
  一言発する
- 頷きすぎは逆効果

Training **02**

目線は自然に

- 鼻の付け根あたりを見ると
  自然な印象に
- 目を見つめすぎるのはNG

Training **03**

話の句読点で視線を移す

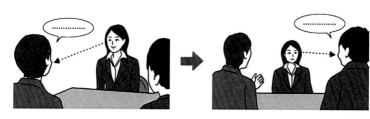

- 視線は話している人を見ることが基本
- 複数の人の話を聞くときは句読点を意識し,
  視線を振り分けることで聞く姿勢を表す

自分の意思を相手に明確に伝えるためには，話し方が重要となる。はっきりと的確に話すためのポイントを確認しよう。

明るい発声を
心がけよう

ボリュームを意識して

話すときのポイントとしては，ボリュームを意識することが挙げられる。会議室の一番奥にいる人に声が届くように意識することで，声のボリュームはコントロールされていく。

Point

コミュニケーションとは「伝達」すること。どのようなことも，適当に伝えるのではなく，伝えるべきことがきちんと相手に届くことが大切になる。そのためには，はっきりと，分かりやすく，丁寧に，心を込めて話すこと。言葉だけでなく，表情やジェスチャーを加えることも有効。

いますぐデキる
カンタンTraining

Training 01
腹式呼吸で発声練習

・「あえいうえおあお」と発声する
・腹式呼吸は，胸部をなるべく動かさ
　ずに，息を吸うときにお腹や腰が膨
　らむよう意識する呼吸法

Training 02
早口言葉にチャレンジ

・「おあやや，母親に，お謝り」と早口で
・口がすぼまった「お」と口が開いた
　「あ」の発音に，変化をつけられる
　かがポイント

Training 03
ジェスチャーを有効活用

・腰より上でジェスチャーをする
・体から離した位置に手をもっていく
・ジェスチャーをしたら戻すところを
　さだめておく

身だしなみはその人自身を表すもの。身だしなみの基本について，ポイントを
確認しよう。

清潔感,さわやかさを
醸し出せるようにしよう

**プロの企業人に
ふさわしい身だしなみを**

信頼感，安心感をもたれる身だしな
みを考えよう。TPOに合わせた服装は，
すなわち"礼"を表している。そして，
身だしなみには，「清潔感」,「品のよさ」,
「控え目である」という，3つのポイン
トがある。

Point

相手との心理的な距離や物理的な距離が遠ければ，コミュニケーションは
成立しにくくなる。見た目が不潔では誰も近付いてこない。身だしなみが
清潔であること，爽やかであることは相手との距離を縮めることにも繋がる。

カンタンTraining

Training **01**

髪型，服装を整えよう

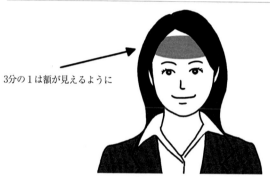

3分の1は額が見えるように

- 男性も女性も眉が見える髪型が望ましい。3分の1は額が見えるように。額は知性と清潔感を伝える場所。男性の髪の長さは耳や襟にかからないように
- スーツで相手の前に立つときは，ボタンはすべて留める。男性の場合は下のボタンは外す

Training **02**

おしゃれとの違いを明確に

- 爪はできるだけ切りそろえる
- 爪の中の汚れにも注意
- ジェルネイル，ネイルアートはNG

Training **03**

足元にも気を配って

- 女性の場合はパンプス，男性の場合は黒の紐靴が望ましい
- 靴はこまめに汚れを落とし見栄えよく

姿勢にはその人の意欲が反映される。前向き，活動的な姿勢を表すにはどうしたらよいか，ポイントを確認しよう。

前向き,活動的な
姿勢を維持しよう

一直線と左右対称

正しい立ち姿として，耳，肩，腰，くるぶしを結んだ線が一直線に並んでいることが最大のポイントになる。そのラインが直線に近づくほど立ち姿がキレイに整っていることになる。また，"左右対称"というのもキレイな姿勢の要素のひとつになる。

Point

　姿勢は，身体と心の状態を反映するもの。そのため，良い姿勢でいることは，印象が清々しいだけでなく，健康で元気そうに見え，話しかけやすさにも繋がる。歩く姿勢，立つ姿勢，座る姿勢など，どの場面にも心身の健康状態が表れるもの。日頃から心身の健康状態に気を配り，フィジカルとメンタル両面の自己管理を心がけよう。

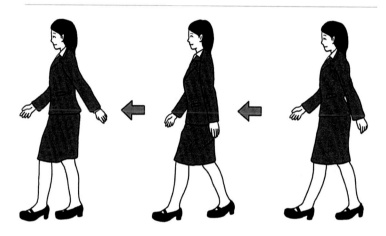

いますぐデキる
カンタンTraining

Training 01

キレイな歩き方を心がけよう

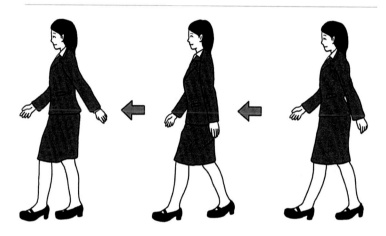

・女性は1本の線上を，男性はそれよりも太い線上を沿うように歩く
・一歩踏み出したときに前の足に体重を乗せるように，腰から動く
・12時の方向につま先をもっていく

Training 02

前向きな気持ちを持とう

・常に前向きな気持ちが姿勢を正す
・ポジティブ思考を心がけよう

言葉遣いの正しさはとは，場面にあった言葉を遣うということ。相手を気づかいながら，言葉を選ぶことで，より正しい言葉に近づいていく。

相手と場面に合わせた
ふさわしい言葉遣いを

次の文は接客の場面でよくある間違えやすい敬語です。
それぞれの言い方は○×どちらでしょうか。

問1「資料をご拝読いただきありがとうございます」

問2「こちらのパンフレットはもういただかれましたか？」

問3「恐れ入りますが，こちらの用紙にご記入してください」

問4「申し訳ございませんが，来週，休ませていただきます」

問5「先ほどの件，帰りましたら上司にご報告いたしますので」

Point

　ビジネスのシーンに敬語は欠くことができない。何度もやり取りをしていく中で，親しさの度合いによっては，あえてくだけた表現を用いることもあるが，「親しき仲にも礼儀あり」と言われるように，敬意や心づかいをおろそかにしてはいけないもの。相手に誤解されたり，相手の気分を壊すことのないように，相手や場面にふさわしい言葉遣いが大切になる。

問1 （×） ○正しい言い換え例

→「ご覧いただきありがとうございます」など

「拝読」は自分が「読む」意味の謙譲語なので，相手の行為に使うのは誤り。読むと見るは同義なため，多く，見るの尊敬語「ご覧になる」が用いられる。

問2 （×） ○正しい言い換え例

→「お持ちですか」「お渡ししましたでしょうか」 など

「いただく」は，食べる・飲む・もらうの謙譲語。「もらったかどうか」と聞きたいのだから，「おもらいになりましたか」と言えないこともないが，持っているかどうか，受け取ったかどうかという意味で「お持ちですか」などが使われることが多い。また，自分側が渡すような場合は，「お渡しする」を使って「お渡ししましたでしょうか」などの言い方に換えることもできる。

問3 （×） ○正しい言い換え例

→「恐れ入りますが，こちらの用紙にご記入ください」など

「ご記入する」の「お（ご）～する」は謙譲語の形。相手の行為を謙譲語で表すことになるため誤り。「して」を取り除いて「ご記入ください」か，和語に言い換えて「お書きください」とする。ほかにも「お書き／ご記入・いただけますでしょうか・願います」などの表現もある。

問4 （△）

有給休暇を取る場合や，弔事等で休むような場面で，用いられることも多い。「休ませていただく」ということで一見丁寧に響くが，「来週休むと自分で休みを決めている」という勝手な表現にも受け取られかねない言葉だ。ここは同じ「させていただく」を用いても，相手の都合をうかがう言い方に換えて「○○がございまして，申し訳ございませんが，休みをいただいてもよろしいでしょうか」などの言い換えが好ましい。

問5 （×）○正しい言い換え例

→「上司に報告いたします」

「ご報告いたします」は，ソトの人との会話で使うとするならば誤り。「ご報告いたします」の「お・ご～いたす」は，「お・ご～する」と「～いたす」という2つの敬語を含む言葉。そのうちの「お・ご～する」は，主語である自分を低めて相手＝上司を高める働きをもつ表現（謙譲語Ⅰ）。一方「～いたす」は，主語の私を低めて，話の聞き手に対して丁重に述べる働きをもつ表現（謙譲語Ⅱ　丁重語）。「お・ご～する」も「～いたす」も同じ謙譲語であるため紛らわしいが，主語を低める（謙譲）という働きは同じでも，行為の相手を高める働きがあるかないかという点に違いがあるといえる。

敬語は正しく使用することで，相手の印象を大きく変えることができる。尊敬語，謙譲語の区別をはっきりつけて，誤った用法で話すことのないように気をつけよう。

言葉の使い方が
マナーを表す!

■よく使われる尊敬語の形　「言う・話す・説明する」の例

専用の尊敬語型	おっしゃる
〜れる・〜られる型	言われる・話される・説明される
お（ご）〜になる型	お話しになる・ご説明になる
お（ご）〜なさる型	お話しなさる・ご説明なさる

■よく使われる謙譲語の形　「言う・話す・説明する」の例

専用の謙譲語型	申す・申し上げる
お（ご）〜する型	お話しする・ご説明する
お（ご）〜いたす型	お話しいたします・ご説明いたします

Point

　同じ尊敬語・謙譲語でも，よく使われる代表的な形がある。ここではその一例をあげてみた。敬語の使い方に迷ったときなどは，まずはこの形を思い出すことで，大抵の語はこの型にはめ込むことができる。同じ言葉を用いたほうがよりわかりやすいといえるので，同義に使われる「言う・話す・説明する」を例に考えてみよう。

　ほかにも「お話しくださる」や「お話しいただく」「お元気でいらっしゃる」などの形もあるが，まずは表の中の形を見直そう。

■よく使う動詞の尊敬語・謙譲語
　なお，尊敬語の中の「言われる」などの「れる・られる」を付けた形は省力している。

基本	尊敬語（相手側）	謙譲語（自分側）
会う	お会いになる	お目にかかる・お会いする
言う	おっしゃる	申し上げる・申す
行く・来る	いらっしゃる おいでになる お見えになる お越しになる お出かけになる	伺う・参る お伺いする・参上する
いる	いらっしゃる・おいでになる	おる
思う	お思いになる	存じる
借りる	お借りになる	拝借する・お借りする
聞く	お聞きになる	拝聴する 拝聞する お伺いする・伺う お聞きする
知る	ご存じ（知っているという意で）	存じ上げる・存じる
する	なさる	いたす
食べる・飲む	召し上がる・お召し上がりになる お飲みになる	いただく・頂戴する
見る	ご覧になる	拝見する
読む	お読みになる	拝読する

「お伺いする」「お召し上がりになる」などは，「伺う」「召し上がる」自体が敬語なので
「二重敬語」ですが，慣習として定着しており間違いではないもの。

Point

　上記の「敬語表」は，よく使うと思われる動詞をそれぞれ尊敬語・謙譲語
で表したもの。このように大体の言葉は型にあてはめることができる。言
葉の中には「お（ご）」が付かないものもあるが，その場合でも「〜なさる」
を使って，「スピーチなさる」や「運営なさる」などと言うことができる。ま
た，表では，「言う」の尊敬語「言われる」の例は省いているが，れる・ら
れる型の「言われる」よりも「おっしゃる」「お話しになる」「お話しなさる」
などの言い方のほうが，より敬意も高く，言葉としても何となく響きが落ち
着くといった印象を受けるものとなる。

会話は相手があってのこと。いかなる場合でも，相手に対する心くばりを忘れないことが，会話をスムーズに進めるためのコツになる。

心くばりを添えるひと言で
言葉の印象が変わる!

　相手に何かを頼んだり，また相手の依頼を断ったり，相手の抗議に対して反論したりする場面では，いきなり自分の意見や用件を切り出すのではなく，場面に合わせて心くばりを伝えるひと言を添えてから本題に移ると，響きがやわらかくなり，こちらの意向も伝えやすくなる。俗にこれは「クッション言葉」と呼ばれている。(右表参照)

Point

　ビジネスの場面で，相手と話したり手紙やメールを送る際には，何か依頼事があってという場合が多いもの。その場合に「ちょっとお願いなんですが…」では，ふだんの会話と変わりがないものになってしまう。そこを「突然のお願いで恐れ入りますが」「急にご無理を申しまして」「こちらの勝手で恐縮に存じますが」「折り入ってお願いしたいことがございまして」などの一言を添えることで，直接的なきつい感じが和らぐだけでなく，「申し訳ないのだけれど，もしもそうしていただくことができればありがたい」という，相手への配慮や願いの気持ちがより強まる。このような前置きの言葉もうまく用いて，言葉に心くばりを添えよう。

相手の意向を尋ねる場合	「よろしければ」「お差し支えなければ」
	「ご都合がよろしければ」「もしお時間がありましたら」
	「もしお嫌いでなければ」「ご興味がおありでしたら」
相手に面倒を かけてしまうような場合	「お手数をおかけしますが」
	「ご面倒をおかけしますが」
	「お手を煩わせまして恐縮ですが」
	「お忙しい時に申し訳ございませんが」
	「お時間を割いていただき申し訳ありませんが」
	「貴重なお時間を頂戴し恐縮ですが」
自分の都合を 述べるような場合	「こちらの勝手で恐縮ですが」
	「こちらの都合（ばかり）で申し訳ないのですが」
	「私どもの都合ばかりを申しまして，まことに申し訳なく存じますが」
	「ご無理を申し上げまして恐縮ですが」
急な話をもちかけた場合	「突然のお願いで恐れ入りますが」
	「急にご無理を申しまして」
	「もっと早くにご相談申し上げるべきところでございましたが」
	「差し迫ってのことでまことに申し訳ございませんが」
何度もお願いする場合	「たびたびお手数をおかけしまして恐縮に存じますが」
	「重ね重ね恐縮に存じますが」
	「何度もお手を煩わせまして申し訳ございませんが」
	「ご面倒をおかけしてばかりで，まことに申し訳ございませんが」
難しいお願いをする場合	「ご無理を承知でお願いしたいのですが」
	「たいへん申し上げにくいのですが」
	「折り入ってお願いしたいことがございまして」
あまり親しくない相手に お願いする場合	「ぶしつけなお願いで恐縮ですが」
	「ぶしつけながら」
	「まことに厚かましいお願いでございますが」
相手の提案・誘いを断る場合	「申し訳ございませんが」
	「（まことに）残念ながら」
	「せっかくのご依頼ではございますが」
	「たいへん恐縮ですが」
	「身に余るお言葉ですが」
	「まことに失礼とは存じますが」
	「たいへん心苦しいのですが」
	「お引き受けしたいのはやまやまですが」
問い合わせの場合	「つかぬことをうかがいますが」
	「突然のお尋ねで恐縮ですが」

ここでは文章の書き方における，一般的な敬称について言及している。はがき，手紙，メール等，通信手段はさまざま。それぞれの特性をふまえて有効活用しよう。

相手の気持ちになって
見やすく美しく書こう

■敬称のいろいろ

敬称	使う場面	例
様	職名・役職のない個人	（例）飯田知子様／ご担当者様／経理部長　佐藤一夫様
殿	職名・組織名・役職のある個人（公用文など）	（例）人事部長殿／教育委員会殿／田中四郎殿
先生	職名・役職のない個人	（例）松井裕子先生
御中	企業・団体・官公庁などの組織	（例）○○株式会社御中
各位	複数あてに同一文書を出すとき	（例）お客様各位／会員各位

Point

　封筒・はがきの表書き・裏書きは縦書きが基本だが，洋封筒で親しい人にあてる場合は，横書きでも問題ない。いずれにせよ，定まった位置に，丁寧な文字でバランス良く，正確に記すことが大切。特に相手の住所や名前を乱雑な文字で書くのは，配達の際の間違いを引き起こすだけでなく，受け取る側に不快な思いをさせる。相手の気持ちになって，見やすく美しく書くよう心がけよう。

■各通信手段の長所と短所

	長所	短所	用途
封書	・封を開けなければ本人以外の目に触れることがない。 ・丁寧な印象を受ける。	・多量の資料・画像送付には不向き。 ・相手に届くまで時間がかかる。	・儀礼的な文書(礼状・わび状など) ・目上の人あての文書 ・重要な書類 ・他人に内容を読まれたくない文書
はがき・カード	・封書よりも気軽にやり取りできる。 ・年賀状や季節の便り,旅先からの連絡など絵はがきとしても楽しむことができる。	・封に入っていないため,第三者の目に触れることがある。 ・中身が見えるので,改まった礼状やわび状,こみ入った内容には不向き。 ・相手に届くまで時間がかかる。	・通知状　　・案内状 ・送り状　　・旅先からの便り ・各種お祝い　・お礼 ・季節の挨拶
FAX	・手書きの図やイラストを文章といっしょに送れる。 ・すぐに届く。 ・控えが手元に残る。	・多量の資料の送付には不向き。 ・事務的な用途で使われることが多く,改まった内容の文書,初対面の人へは不向き。	・地図,イラストの入った文書 ・印刷物(本・雑誌など)
電話	・急ぎの連絡に便利。 ・相手の反応をすぐに確認できる。 ・直接声が聞けるので,安心感がある。	・連絡できる時間帯が制限される。 ・長々としたこみ入った内容は伝えづらい。	・緊急の用件 ・確実に用件を伝えたいとき
メール	・瞬時に届く。　　・控えが残る。 ・コストが安い。 ・大容量の資料や画像をデータで送ることができる。 ・一度に大勢の人に送ることができる。 ・相手の居場所や状況を気にせず送れる。	・事務的な印象を与えるので,改まった礼状やわび状には不向き。 ・パソコンや携帯電話を持っていない人には送れない。 ・ウィルスなどへの対応が必要。	・データで送りたいとき ・ビジネス上の連絡

―Point―

　はがきは手軽で便利だが,おわびやお願い,格式を重んじる手紙には不向きとなる。この種の手紙は内容もこみ入ったものとなり,加えて丁寧な文章で書かなければならないので,数行で済むことはまず考えられない。また,封筒に入っていないため,他人の目に触れるという難点もある。このように,はがきにも長所と短所があるため,使う場面や相手によって,他の通信手段と使い分けることが必要となる。

　はがき以外にも,封書・電話・FAX・メールなど,現代ではさまざまな通信手段がある。上に示したように,それぞれ長所と短所があるので,特徴を知って用途によって上手に使い分けよう。

社会人のマナーとして，電話応対のスキルは必要不可欠。まずは失礼なく電話に出ることからはじめよう。積極性が重要だ。

相手の顔が見えない分
対応には細心の注意を

■電話をかける場合

①　○○先生に電話をする

×「私，□□社の××と言いますが，○○様はおられますでしょうか？」

○「××と申しますが，○○様はいらっしゃいますか？」

「おられますか」は「おる」を謙譲語として使うため，通常は相手がいるかどうかに関しては，「いらっしゃる」を使うのが一般的。

②　相手の状況を確かめる

×「こんにちは，××です，先日のですね…」

○「××です，先日は有り難うございました，今お時間よろしいでしょうか？」

相手が忙しくないかどうか，状況を聞いてから話を始めるのがマナー。また，やむを得ず夜間や早朝，休日などに電話をかける際は，「夜分（朝早く）に申し訳ございません」「お休みのところ恐れ入ります」などのお詫びの言葉もひと言添えて話す。

③　相手が不在，何時ごろ戻るかを聞く場合

×「戻りは何時ごろですか？」

○「何時ごろお戻りになりますでしょうか？」

「戻り」はそのままの言い方，相手にはきちんと尊敬語を使う。

④　また自分からかけることを伝える

×「そうですか，ではまたかけますので」

○「それではまた後ほど（改めて）お電話させていただきます」

戻る時間がわかる場合は，「またお戻りになりましたころにでも」「また午後にでも」などの表現もできる。

① 電話を取ったら

× 「はい，もしもし，○○（社名）ですが」

○ **「はい，○○（社名）でございます」**

② 相手の名前を聞いて

× 「どうも，どうも」

○ **「いつもお世話になっております」**

あいさつ言葉として定着している決まり文句ではあるが，日頃のお付き合いがあってこそ。あいさつ言葉もきちんと述べよう。「お世話様」という言葉も時折耳にするが，敬意が軽い言い方となる。適切な言葉を使い分けよう。

③ 相手が名乗らない

× 「どなたですか？」「どちらさまですか？」

○ **「失礼ですが，お名前をうかがってもよろしいでしょうか？」**

名乗るのが基本だが，尋ねる態度も失礼にならないように適切な応対を心がけよう。

④ 電話番号や住所を教えてほしいと言われた場合

× 「はい，いいでしょうか？」　　× 「メモのご用意は？」

○ **「はい，申し上げます，よろしいでしょうか？」**

「メモのご用意は？」は，一見親切なようにも聞こえるが，尋ねる相手も用意していることがほとんど。押し付けがましくならない程度に。

⑤ 上司への取次を頼まれた場合

× 「はい，今代わります」　　× 「○○部長ですね，お待ちください」

○ **「部長の○○でございますね，ただいま代わりますので，少々お待ちくださいませ」**

○○部長という表現は，相手側の言い方となる。自分側を述べる場合は，「部長の○○」「○○」が適切。

Point

自分から電話をかける場合は，まずは自分の会社名や氏名を名乗るのがマナー。たとえ目的の相手が直接出た場合でも，電話では相手の様子が見えないことがほとんど。自分の勝手な判断で話し始めるのではなく，相手の都合を伺い，そのうえで話を始めるのが社会人として必要な気配りとなる。

デキるオトナをアピール
時候の挨拶

月	漢語調の表現 候，みぎりなどを付けて用いられます	口語調の表現
1月 (睦月)	初春・新春 頌春・ 小寒・大寒・厳寒	皆様におかれましては，よき初春をお迎えのことと存じます／厳しい寒さが続いております／珍しく暖かな寒の入りとなりました／大寒という言葉通りの厳しい寒さでございます
2月 (如月)	春寒・余寒・残寒・ 立春・梅花・向春	立春とは名ばかりの寒さ厳しい毎日でございます／梅の花もちらほらとふくらみ始め，春の訪れを感じる今日この頃です／春の訪れが待ち遠しいのごろでございます
3月 (弥生)	早春・浅春・春寒・ 春分・春暖	寒さもようやくゆるみ，日ましに春めいてまいりました／ひと雨ごとに春めいてまいりました／日増しに暖かさが加わってまいりました
4月 (卯月)	春暖・陽春・桜花・ 桜花爛漫	桜花爛漫の季節を迎えました／春光うららかな好季節となりました／花冷えとでも申しましょうか，何だか肌寒い日が続いております
5月 (皐月)	新緑・薫風・惜春・ 晩春・立夏・若葉	風薫るさわやかな季節を迎えました／木々の緑が目にまぶしいようでございます／目に青葉，山ほととぎす，初鰹の句も思い出される季節となりました
6月 (水無月)	梅雨・向暑・初夏・ 薄暑・麦秋	初夏の風もさわやかな毎日でございます／梅雨前線が近づいてまいりました／梅雨の晴れ間にのぞく青空は，まさに夏を思わせるようです
7月 (文月)	盛夏・大暑・炎暑・ 酷暑・猛暑	梅雨が明けたとたん，うだるような暑さが続いております／長い梅雨も明け，いよいよ本格的な夏がやってまいりました／風鈴の音がわずかに涼を運んでくれているようです
8月 (葉月)	残暑・晩夏・処暑・ 秋暑	立秋とはほんとうに名ばかりの厳しい暑さの毎日です／残暑たえがたい毎日でございます／朝夕はいくらかしのぎやすくなってまいりました
9月 (長月)	初秋・新秋・爽秋・ 新涼・清涼	九月に入りましてもなお，日差しの強い毎日です／暑さもやっとおとろえはじめたようでございます／残暑も去り，ずいぶんとしのぎやすくなってまいりました
10月 (神無月)	清秋・錦秋・秋涼・ 秋冷・寒露	秋風もさわやかな過ごしやすい季節となりました／街路樹の葉も日ごとに色を増しております／紅葉の便りの開かれるころとなりました／秋深く，日増しに冷気も加わってまいりました
11月 (霜月)	晩秋・暮秋・霜降・ 初霜・向寒	立冬を迎え，まさに冬到来を感じる寒さです／木枯らしの季節になりました／日ごとに冷気が増すようでございます／朝夕はひときわ冷え込むようになりました
12月 (師走)	寒冷・初冬・師走・ 歳晩	師走を迎え，何かと慌ただしい日々をお過ごしのことと存じます／年の瀬も押しつまり，何かとお忙しくお過ごしのことと存じます／今年も残すところわずかとなりました，お忙しい毎日とお察しいたします

いますぐデキる
シチュエーション別会話例

シチュエーション1　取引先との会話

「非常に素晴らしいお話で感心しました」→NG！

「感心する」は相手の立派な行為や，優れた技量などに心を動かされるという意味。意味としては間違いではないが，目上の人に用いると，偉そうに聞こえかねない表現。「感動しました」などに言い換えるほうが好ましい。

シチュエーション2　子どもとの会話

「お母さんは，明日はいますか？」→NG！

たとえ子どもとの会話でも，子どもの年齢によっては，ある程度の敬語を使うほうが好ましい。「明日はいらっしゃいますか」では，むずかしすぎると感じるならば，「お出かけですか」などと表現することもできる。

シチュエーション3　同僚との会話

「今，お暇ですか」→NG？

同じ立場同士なので，暇に「お」が付いた形で「お暇」ぐらいでも構わないともいえるが，「暇」というのは，するべきことも何もない時間という意味。そのため「お暇ですか」では，あまりにも直接的になってしまう。その意味では「手が空いている」→「空いていらっしゃる」→「お手透き」などに言い換えることで，やわらかく敬意も含んだ表現になる。

シチュエーション4　上司との会話

「なるほどですね」→NG！

「なるほど」とは，相手の言葉を受けて，自分も同意見であることを表すため，相手の言葉・意見を自分が評価するというニュアンスも含まれている。そのため自分が評価して述べているという偉そうな表現にもなりかねない。同じ同意ならば，頷き「おっしゃる通りです」などの言葉のほうが誤解なく伝わる。

就活スケジュールシート

■年間スケジュールシート

1月	2月	3月	4月	5月	6月
企業関連スケジュール					
自己の行動計画					

就職活動をすすめるうえで，当然重要になってくるのは，自己のスケジュール管理だ。企業の選考スケジュールを把握することも大切だが，自分のペースで進めることになる自己分析や業界・企業研究，面接試験のトレーニング等の計画を立てることも忘れてはいけない。スケジュールシートに「記入」する作業を通して，短期・長期の両方の面から就職試験を考えるきっかけにしよう。

7月	8月	9月	10月	11月	12月
企業関連スケジュール					
自己の行動計画					

●情報提供のお願い●

　就職活動研究会では，就職活動に関する情報を募集しています。

　エントリーシートやグループディスカッション，面接，筆記試験の内容等について情報をお寄せください。ご応募はメールアドレス（edit@kyodo-s.jp）へお願いいたします。お送りくださいました方々には薄謝をさしあげます。

　ご協力よろしくお願いいたします。

会社別就活ハンドブックシリーズ

三井不動産の
就活ハンドブック

編　者　就職活動研究会

発　行　令和6年2月25日

発行者　小貫輝雄

発行所　協同出版株式会社

〒101-0054
東京都千代田区神田錦町2-5
電話　03-3295-1341
振替　東京00190-4-94061

印刷所　協同出版・POD工場

落丁・乱丁はお取り替えいたします

●2025年度版●
会社別就活ハンドブックシリーズ
【全111点】

運　輸

東日本旅客鉄道の就活ハンドブック

東海旅客鉄道の就活ハンドブック

西日本旅客鉄道の就活ハンドブック

東京地下鉄の就活ハンドブック

小田急電鉄の就活ハンドブック

阪急阪神 HD の就活ハンドブック

商船三井の就活ハンドブック

日本郵船の就活ハンドブック

機　械

三菱重工業の就活ハンドブック

川崎重工業の就活ハンドブック

IHI の就活ハンドブック

島津製作所の就活ハンドブック

浜松ホトニクスの就活ハンドブック

村田製作所の就活ハンドブック

クボタの就活ハンドブック

金　融

三菱 UFJ 銀行の就活ハンドブック

三菱 UFJ 信託銀行の就活ハンドブック

みずほ FG の就活ハンドブック

三井住友銀行の就活ハンドブック

三井住友信託銀行の就活ハンドブック

野村證券の就活ハンドブック

りそなグループの就活ハンドブック

ふくおか FG の就活ハンドブック

日本政策投資銀行の就活ハンドブック

建設・不動産

三菱地所の就活ハンドブック

三井不動産の就活ハンドブック

積水ハウスの就活ハンドブック

大和ハウス工業の就活ハンドブック

鹿島建設の就活ハンドブック

大成建設の就活ハンドブック

清水建設の就活ハンドブック

資源・素材

旭旭化成グループの就活ハンドブック

東レの就活ハンドブック

ワコールの就活ハンドブック

関西電力の就活ハンドブック

日本製鉄の就活ハンドブック

中部電力の就活ハンドブック

九州電力の就活ハンドブック

自動車

トヨタ自動車の就活ハンドブック

デンソーの就活ハンドブック

本田技研工業の就活ハンドブック

日産自動車の就活ハンドブック

商　社

三菱商事の就活ハンドブック

伊藤忠商事の就活ハンドブック

住友商事の就活ハンドブック

双日の就活ハンドブック

丸紅の就活ハンドブック

豊田通商の就活ハンドブック

三井物産の就活ハンドブック

情報通信・IT

NTT データの就活ハンドブック

サイバーエージェントの就活ハンドブック

NTT ドコモの就活ハンドブック

LINE ヤフーの就活ハンドブック

野村総合研究所の就活ハンドブック

SCSK の就活ハンドブック

日本電信電話の就活ハンドブック

富士ソフトの就活ハンドブック

KDDI の就活ハンドブック

日本オラクルの就活ハンドブック

ソフトバンクの就活ハンドブック

GMO インターネットグループ

楽天の就活ハンドブック

オービックの就活ハンドブック

mixi の就活ハンドブック

DTS の就活ハンドブック

グリーの就活ハンドブック

TIS の就活ハンドブック

食品・飲料

サントリー HD の就活ハンドブック

日本たばこ産業 の就活ハンドブック

味の素の就活ハンドブック

日清食品グループの就活ハンドブック

キリン HD の就活ハンドブック

山崎製パンの就活ハンドブック

アサヒグループ HD の就活ハンドブック

キユーピーの就活ハンドブック

生活用品

資生堂の就活ハンドブック

武田薬品工業の就活ハンドブック

花王の就活ハンドブック

電気機器

三菱電機の就活ハンドブック	パナソニックの就活ハンドブック
ダイキン工業の就活ハンドブック	富士通の就活ハンドブック
ソニーの就活ハンドブック	キヤノンの就活ハンドブック
日立製作所の就活ハンドブック	京セラの就活ハンドブック
ＮＥＣの就活ハンドブック	オムロンの就活ハンドブック
富士フイルム HD の就活ハンドブック	キーエンスの就活ハンドブック

保　険

東京海上日動火災保険の就活ハンドブック	三井住友海上火災保険の就活ハンドブック
第一生命ホールディングスの就活ハンドブック	損保ジャパンの就活ハンドブック

メディア

日本印刷の就活ハンドブック	エイベックスの就活ハンドブック
博報堂 DY の就活ハンドブック	東宝の就活ハンドブック
TOPPAN ホールディングスの就活ハンドブック	

流通・小売

ニトリ HD の就活ハンドブック	ZOZO の就活ハンドブック
イオンの就活ハンドブック	

エンタメ・レジャー

オリエンタルランドの就活ハンドブック	任天堂の就活ハンドブック
アシックスの就活ハンドブック	カプコンの就活ハンドブック
バンダイナムコ HD の就活ハンドブック	セガサミー HD の就活ハンドブック
コナミグループの就活ハンドブック	タカラトミーの就活ハンドブック
スクウェア・エニックス HD の就活ハンドブック	

▼会社別就活ハンドブックシリーズにつきましては，協同出版のホームページからもご注文ができます。詳細は下記のサイトでご確認下さい。

https://kyodo-s.jp/examination_company